宇野 弘恵 著

スペシャリスト直伝！

小学校

高学年担任の指導の極意

JN042186

明治図書

はじめに

　初任でいきなり，あるいは，経験の浅い先生だけでの高学年担任に戸惑っている……。膨大な業務をどうしたらよいのかわからない，指導が子どもとかみ合わず空回りだ……。そんな声があちこちで聞かれます。

　本書では，高学年が自立し，充実した学校生活を送るための指導とそのために必要な仕事をリストアップしました。特に，高学年特有の行事である宿泊的行事や卒業に関することについて，企画・下準備から実際の指導を細かなステップで丁寧に記しました。

　また，なぜその指導や準備が必要かという私の「教育観」「仕事観」「教師観」に触れながら手段や方法も示しました。これが唯一無二，絶対，最善の方法ではありません。ご自分の「観」と照らし合わせ，学校や子どもたちの実態に応じ，アレンジしてご活用いただければと思います。

　私が新卒で5，6年生を担任した30年以上前に比べ，現在の高学年担任の仕事は，量も複雑さも何倍にも増えました。「学力向上」の重圧や，子どもや保護者との関係から，高学年担任を敬遠する人も多いといいます。もはや，高学年担任は，見通しをもって効率よく働かなければ捌けない仕事量を背負い，視野は広くそれでいて心は常に子どもに向けていなくては成立しない仕事になっています。

　しかしながら，低学年担任には味わうことができない醍醐味が，高学年担任にはあります。思春期真っただ中，子どもから大人へ脱皮する様をそばで見守りながら，共に笑い，悩みながら成長できる高学年担任業を存分に愉しみましょう。

　本書が一人でも多くの先生や子どもたちの幸せにつながりますように。

　　　　　　ふわふわと落ちてくる白い雪を眺めながら　　宇野　弘恵

目 次

はじめに

1章
高学年担任の仕事の全体像

2章
新学期準備の全仕事マニュアル

3章
新学期から1週間の全仕事マニュアル

4章
新学期から3か月の全仕事マニュアル

5章
行事指導の全仕事マニュアル

6章
卒業にかかわる全仕事マニュアル

7章
保護者とのかかわり全仕事マニュアル

1章

高学年担任の
仕事の全体像

1　高学年担任の仕事

高学年担任の仕事とは何か

　「高学年担任の仕事は，小学校での学力をしっかり付けることである」という考えがあります。小学校の学習はその後の学習の基礎であるからという理由です。昔から「小学校の学習ぐらいできなければ，社会でやっていけない」と言われますから，小学校での学力を定着させることは，確かに大切な仕事です。

　一方で，「高学年担任の仕事は，高学年を学校のリーダーに育てることだ」という見方もあります。校内では，下学年の手本になったり面倒をみたりする場面が増えますし，委員会活動などでは話合いを進めたり進んで活動したりすることも多くなります。学校行事などでも先頭に立って活動してもらわなくてはなりませんし，特に6年生には学校の顔としての活躍も期待されます。「6年生が落ち着いている学校はよい学校」とも言われることから，高学年を自立させることも大事な仕事と言えると思います。

　しかし，子どもたちは，しっかり勉強したり自立したりすることを目標に学校に来ているのでしょうか。中学校での勉強に役立てるために，社会に出て困らないようにと勉強するのでしょうか。あるいは，学校のリーダーになることを所望したり，学校の顔だからと使命感をもったりして活動しているのでしょうか。それは教師側が目指す方向性の一つであって，子どもたちのゴール像ではありません。

学級を荒れさせないことが仕事か？

　高学年担任のなり手がいなくて困っているという声を聞くようになって久

しくなりました。教科数や授業時数の多さ，学習内容の難易度が上がる大変さに加え，人間関係の複雑化や問題行動の多様化などから敬遠する人も多いようです。また，行事指導，とりわけ，宿泊行事の負担を大変さとして挙げる人もいます。

　こうした仕事のうまくいかなさが，学級の荒れにつながることがあります。高学年の荒れは，同調圧力により，意図的に集団を巻き込んで授業妨害したり問題行動を広げていったりするところに難しさがあります。一度学級が荒れてしまうと立て直しにくく，子どもとの関係修復が難しい場合もあります。こうした背景から，高学年担任の仕事のゴールが「学級を荒れさせないこと」と考える人もいますが，それは目指す現象であって中身ではありません。

高学年担任は子ども時代の最終ランナー

　高学年にとって一番大事なことは，学力を身に付けることでも，学校のリーダーとして活躍することでもありません。毎日を存分に楽しみ，力いっぱい成長することです。そのために，勉学に励んだり，リーダーとして活動したりする経験が必要なのです。その経験を積むために，落ち着いた学級が必要なのです。

　子ども時代は小学校でおしまいです。中学校に行けば，否応なしに受験や就職など，将来についての選択を迫られます。今よりもっと人間関係に悩むことも増えるでしょう。小学校時代ほど無邪気ではいられないことや，無条件に甘えられないことも知るはずです。ですから，今しかできないことを存分に経験し，今しか味わえない思いを存分に楽しめる最後の時期が，小学校高学年なのではないかと思います。

　高学年担任は，子ども時代の最後にかかわる大人です。子ども時代を満足して終えるのを見届け，大人時代へバトンを渡すことが高学年担任の仕事ではないでしょうか。

2　高学年担任の指導姿勢

思春期の特性を知る

　思春期とは，心身ともに子どもから大人へ成長する時期を指し，性的特徴が顕著になる時期でもあります。精神的な成長も著しく，社会や学校，友だちや仲間，家族などの影響を受けながら一人の大人として自分を確立していきます。このことを「自我同一性を獲得する」と言うのだそうです。男子よりも女子の方が早熟と言われており，男子に比べ2年ほど成長が早いというのが今のところの定説だそうです。

　この時期の顕著な姿として，しばしば「反抗的行動や態度」が取り上げられます。親や教師はこの「反抗的行動や態度」を何とかしようと躍起になりますが，表面的に抑えようとすることに全く意味がありません。むしろ逆効果でさえあります。これにはいくつかの理由があります。

　1つ目は，「親から自立したいという欲求」と「親から離れることの不安」の両方を感じることです。子どもは不安に対応するために友だちや仲間とのつながりを深め，安心感を得ようとします。その結果自立が可能となるのですが，大人の目には「大人の言うことを聞かない」ように見えてしまうのです。

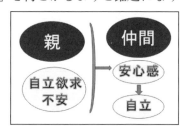

仲間の重要性

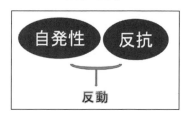

これまでの成長過程における
課題の反動

　2つ目は，思春期が発達課題をやり直す時期であることです。思春期は，それまでの発育過程の中でうまく解決できなかった課題を

もう一度やり直す時期と考えられるのだそうです。例えば素直でよい子だったのに反抗的な態度が目立つとき，その子は自主を学び直し獲得しようとしていると見ることができます。

3つ目は，両価性が高まることです。両価性とは一つのことに対して同時に相反する感情をもつことです。「かわいさ余って憎さ100倍」「食べたい，でもやせたい」のように，同価値で対立し相入れない状態を指します。泣き叫びながら反抗してきた子が掌を返したように甘えてくるのも，両価性の高まりが原因と言えます。

自己肯定感の低下・情緒不安定・揺れ

任せつつ，見守りつつが基本姿勢

このように，自立と依存の間で揺れるのが思春期です。頭ごなしに決めつけたり，力づくで従えようとしたりすると反発心が湧きます。かと言ってすべてを任せ突き放せば不安になります。ですから，できる限り任せつつ，何かあればいつでもフォローできる位置で見守ることが基本です。

どこまでなら任せられるか，任せるには何をどこまで準備しておくかを見極めることが，高学年担任の基本指導姿勢なのです。

【参考文献，資料】
・『平成20年度　文部科学省委託事業　青少年元気サポート事業　少女のための元気サポートプロジェクト報告書　少女の自己肯定感を高めるキャンプ』（社団法人ガールスカウト日本連盟2009年3月）での調査においては，自己肯定感は学年が進むにつれて下がる傾向にあり，男子よりも女子の方が低い結果。小6男子59.6％，女子51.8％（2005年調べ）。因みに性自認度は男子83.1％，女子57％。（2002年調べ）。
・『タイプ別でよく分かる！　高学年女子　困った時の指導法60』宇野弘恵著，明治図書

3　高学年担任の話し方の極意

敬語で，丁寧に話すのが基本

　他人行儀に感じるので，子どもとはタメ口で会話するという教師もいます。他の部分でバランスが取れればよいのですが，距離の取り方を間違えると，子どもと友だちのような関係になってしまいます。心理的距離が近すぎると，子どもは教師を自分と並列の関係と見てしまうため，必要な指導に従わなくてもよいと誤解してしまう場合があります。接近しすぎを防ぎ，適切な距離を保つ役目を果たすものの一つが敬語です。次の2つを読み比べてください。

> 子ども：先生，昨日のサザエさん，見た？
> 教師A：うん！　見たよ！　サザエさん，また財布忘れてたよねー。
> 教師B：見ましたよ。サザエさん，またお財布を忘れていましたね。

　子どもとの距離は，Aの方が近く感じます。言葉づかい一つで自然と距離をつくることができるのがわかります。

　「休み時間くらい，タメ口だっていいんじゃない？」という考えもあると思います。年齢やキャラクターによっては，それもよいかもしれません。しかし，自分は距離を取るのが苦手だ，何となくナメられているように感じるという場合は，休み時間もできる限り丁寧な言葉で会話するのが無難です。自信がなく，弱々しく遠慮しているようにならないために，相手の目をまっすぐ見ながら声に力を込めて話しましょう。

　また，教師が敬語で丁寧な言葉づかいを心掛けることは，「親しき中にも礼儀あり」を体現するロールモデルにもなります。

尊大な話しぶりを避ける

　そうは言っても，高圧的な話し方は敬遠されます。尊大な話しぶりは，他の話を受け容れず，自分だけの正しさを主張しているように受け取られます。あるいは，相手の立場に立たず，問答無用に従わせる人物像を描かせてしまいます。高学年からすれば，教師は自分たちを支配しようとしていると感じるかもしれません。

　また，嫌味を言うのも嫌われます。不備不足や不適切な言動は，端的に注意すればよいことです。それをねちねち言われると煩わしいですし，バカにされているように感じるものです。子どもに嫌われまいと擦り寄ったりへつらったりする必要はありませんが，偉ぶることもありません。話し方一つで受け取られ方は変わります。存大な話しぶりになっていないかを時折セルフチェックしてみましょう。

一文一義を心掛ける

　高学年に限らず，長い話，わかりにくい話は嫌われます。常に簡潔明瞭に話すことを意識しておきましょう。

　簡潔明瞭に話すためには，「一文一義」を心掛けます。一文一義とは，一文の中に一つの内容という意味です。

○私の名前は宇野弘恵です。小学校教員です。18歳です。

×私の名前は宇野弘恵と言って，小学校教員をしていて，年は18歳です。

　一文一義で話すことにより，自分が話そうとしていることが焦点化し，何を話しているかに自覚的になります。思考を整理しながら話すという意味でも，身に付けたい話し方です。

【参考文献】
・『タイプ別でよく分かる！　高学年女子　困った時の指導法60』宇野弘恵著，明治図書
・『スペシャリスト直伝！　小1担任の指導の極意』宇野弘恵著，明治図書

4 高学年担任の指示・説明の極意

指示は明確に，説明は端的に

高学年になると，学習量や活動量が増え，内容も複雑になりますから，どうしても指示や説明が多くなります。長い説明はわかりづらく，趣意が伝わりません。「話が長くて最後まで聞けなかった。結局，何が言いたかったの？」「単位量当たりの量の説明，ごちゃごちゃしていてよくわからなかった」などとなれば，「あの先生は授業が下手」と信頼を落とすことにもつながります。難しい学習内容も，複雑な活動内容もスマートに指示，説明をし，「できる，わかる」と実感させることが信頼につながります。

そのための第一歩は，実際に話し出す前に，自分の中で指示と説明を明確に分けておくことです。そうすると，何をどこまで説明するか，この指示が生きるにはどこを説明するかということに意識が向きます。指示することをゴールとすれば，そのためにどこから説明し，何をどの順番で説明すれば伝わるかという思考になります。結果，時系列で，要点の整理された，わかりやすい説明をすることにつながります。

「話す」以外の手立てを有効に使う

●視覚化する

・文字で視覚化

指示をチェックリストのように板書します。文章にせず，必要事項をキーワードで示すのがポイント。端的に指示を読むことができるため，ストレートに理解することができます。

（板書例）
□疑問　→　赤
□共感　→　青
　最低３つずつ
□えんぴつ　→　おく

・図示で視覚化

　ごちゃごちゃ話すよりも，図示することですぐに伝わるものもあります。記号や矢印を使用し，流れがわかるよう時系列で並べることがポイントです。

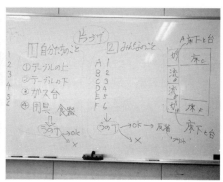

・映像で視覚化

　画像や動画で示すと，より具体的な理解を促すことができ有効です。こうした手立ては音声だけの指示と違い，必要なときにいつでも自分で確認することができます。聞くことが苦手な子にとっても安心して活動することができる方法です。

●エピソードで示す

　エピソードは抽象を具体化させます。説明を具体化するエピソードがないか普段から自身の経験を俯瞰する習慣を付けておくと，咄嗟のときに効果的に例示することができます。

伝わっているかを確認する

　うまく説明できたかということよりも，ちゃんと伝わっているかに重きを置きます。話しっぱなしで終えるのではなく，活動に入る前に説明が伝わっているかを確認し，疑問を払拭してから活動に入ります。

【参考文献】
・『授業力＆学級経営力2020年11月号』宇野執筆分，明治図書

5 高学年担任の聞き方の極意

　低学年時と違って，高学年は何でもかんでも教師に話さなくなっていきます。喧嘩やトラブルも裏に隠れ，露見したときには大事になっていたということも少なくありません。そうしたことを防ぐには，困ったことや相談事を教師に話してくれる関係性をつくっておく必要があります。

　「先生に相談したい」と思う前提には，「先生は聞いてくれる」という信頼があります。どんな関係性においても，聞いてくれるから話すのです。自分の話を受け止めてくれる，わかってくれると感じているときにその人への信頼が生まれ，話したいという思いが湧くのです。相手の話を聞くことは，相手を受け容れることなのです。ですから，普段から子どもの話をどう聞くかは，子どもとの信頼関係を築く上でとても大切なことなのです。

聞くことに徹する

●面白そうに聞く

　世間話であれ何であれ，子どもの話は興味をもって面白そうに聞きましょう。何か作業をしているときでも，できれば手を止めて，子どもの顔を見ながら聞くようにします。笑顔でうなずきながら聞くことが，「ちゃんとあなたに心が向いているよ」というメッセージになります。

●否定せずに聞く

　途中で口を挟まず，最後まで聴きましょう。話の腰を折るのはマナー違反ですし，相手に自分を否定されたように感じさせてしまいます。

　たとえ不適切な内容であったとしても，最後まで否定せずに聞くことが，

相手の真意を汲み取ることにもつながります。

●結論付けずに聞く

　「それはあなたが悪い」「○○すべきだったね」などと，勝手に結論付けられると，自分の言動が否定されたように感じるものです。自分が悪かった，あのときこうすればよかったと思うのは子ども自身であって，教師ではありません。教師は，子どもが自省できるように聞かなくてはなりません。勝手に結論付けて同意させるのではなく，対話する中でそう思えるような聞き方をすることが肝要です。

●求められるまでアドバイスしない

　アドバイスも同じです。相談の結果，どうすればよいか，どうすべきは自分で決めることです。自分が決めたことだからこそ結果に責任がもてるのです。教師に必要なのは問題解決する術を授けることではなく，試行錯誤しながら問題解決しようとする意欲をくじかないことです。子どもと一緒に考えるために聞くのであって，アドバイスすることが目的ではありません。

対話アイテムを持つ

●ホワイトボード

　互いの思考を可視化することで，整理しながら話を聞くことができます。大小合わせて教室に常備しておくと便利です。また，タブレットのアプリを用いれば，保存にも便利です。

●ぬいぐるみ

　ぬいぐるみを間に置くことで，言いづらいことをぬいぐるみに言わせたり，ぬいぐるみに話させたりする効果があります。物言わぬぬいぐるみは否定も肯定もしません。そんな安心感が心を開かせることもあります。

【参考文献】
・『コーチングで学ぶ「言葉かけ」練習帳』石川尚子著，ほんの森出版
・『よくわかる学級ファシリテーション①―かかわりスキル編　信頼ベースのクラスをつくる』ちょんせいこ・岩瀬直樹著，解放出版社

2章

新学期準備の
全仕事マニュアル

1 仕事の全体像のつかみ方

すべての仕事をリストアップしてから分類する

　全体像を把握した上で仕事に取り掛かることが肝要です。そうでなければ場当たり的で過不足の多い，雑で無駄な仕事をすることになるからです。全体像の把握のためには，スケジュール表を作成すると便利です。

●スケジュール作成の手順①日程確認

　日程確認をします。春休み中の公私すべての予定を書き出し，実働できるのは何日か，自由になる時間はどの程度あるかを見通します。

●スケジュール作成の手順②ゴール設定

　ゴール設定とは，春休み中にどこまでの仕事をするかを設定することです。「新年度準備」と銘打つと，多くの場合，新学期初日にゴールを設定します。つまり，新学期初日を大過なく迎えるために必要な準備を終えることをゴールとするのです。

　しかし，高学年は授業時数や学習内容が多く，委員会活動や学校行事などもあります。新学期が始まった途端日々の授業に追われ，迫り来る行事の準備に忙殺されます。そうすると常に仕事に追われ，準備が後手後手になってしまいます。生徒指導など咄嗟の対応があれば，日々の業務はさらに詰まります。

　そうしたことを見越し，ゴールはできれば1か月先，最低でも2週間先に設定する必要があります。先を見越しておくことで，早めの調整や準備が可能となり，心理的にも余裕ができます。

●スケジュール作成の手順③全仕事の洗い出し

　行うべきすべての仕事を洗い出します。書籍などで既出しているリストを

参考にしてもよいですが，初日からの子どもの動きを具体的に思い浮かべながら，必要なものをピックアップしていくのがポイントです。そうすることで，新年度の仕事をより段階的にイメージすることができます。

●スケジュール作成の手順④仕事のリスト化

　仕事には，何を拠り所にどこに向かって指導するかを考える「静的仕事」と，実際にものをつくったり決めたりする「動的仕事」があります（詳しくは後述）。まずは，ピックアップしたすべての仕事を，動的なもの，静的なものに分類していきます。そして，優先順位を付けながらリスト化します。後から湧いて出てきた仕事を気楽に付け足せるよう，表の上から順に埋めていっても構いません。

　表には「発注」「実施」「確認」の責任の所在を示し，期限も明記しておくと仕事漏れを防ぐことができます。また，仕事の全体像を把握しやすくするために，スケジュール表を1枚に収めるのがポイントです。突発的な仕事に対応するために，始業式前日を空けておくことも忘れずに。

　スケジュール表は学年団で共有し，加除修正しながら仕上げます。新しいものを更新するたびに（4月2日版）などと明記しておくと混乱しません。また，完了するごとに項目を消していき，忘れているものや滞っているものがないよう，互いに声を掛け合って仕事を進めます。

スケジュール表はあくまで目安と押さえる

　とかく仕事が多い年度初めです。全体像を把握するために，行うべきことをすべて書き出しますが，全部を行えるとは限りません。物によっては新学期が始まってからでも間に合うものもありますし，端折ったり縮小したりしながら進められるものもあります。

　完璧に準備しようと気負わず，優先度の高いものから確実に行っていきましょう。

令和〇年度　6年生準備日程　　　　4.1更新

月日曜	行事予定(午前)	行事予定(午後)		実務的業務内容	担当	意識的準備内容	〇
4月3日 月	校内辞令交付 8:15職員会議	分掌打ち合わせ	学年でやること	・学年目標決定・作成	みんな	・指導要録を読む	
				・学年通信作成	宇賀	・学力について把握する	
				・教科書・指導書確認	みんな	・集団の性質について把握する	
				・教室設営計画・指導案作成(壁・黒板)	みんな	・学年の方針について共通理解し、方向性を決める	〇
				・玄関前掲示板作成	松坂	・授業のルールについて話し合う	
				・学年会計予算	福山	・単元の年間計画に目を通す	
				・机・イス・ロッカー・靴箱名前シール作成	教務地	・総合の単元計画に目を通す	
				・ロッカー使用お知らせプリント	松坂	・児童の顔と名前を覚える	
				・教材選定、発注	宇野	・家庭環境調査票に目を通す	
4月4日 火	8:30職員会議	学年業務		・転入生確認	福山	・修学旅行日程確認	
				・持ち物規格確認	みんな	・運動会種目	
				・アレルギー・既往症確認	みんな	・教科担当打ち合わせ	
				・座席表作成	松坂	・特支打ち合わせ	
4月5日 水	9:00新6年生登校 前日準備	学年業務	基本的に担任がやること	・机格子確認	各自	・1年との交流打ち合わせ	
				・児童名簿	教務	・初日の流れ確認	
				・出席名簿	教務	・4月の参観日打ち合わせ	
				・学級通信	各自		
				・要録整理	各自		
				・家庭訪問計画	各自		
				・住宅地図作成	各自		
				・ネームカード	各自		
				・掃除当番	各自		
				・給食当番・おかわり・お残しルール	各自		
				・掲示用個人目標	各自		
				・氏名印整理	教務		
4月6日 木	始業式・入学式			・なんでもメモ	各自		
				・給食システム	各自		
				・日直システム	各自		
				・朝の会・帰りの会システム	各自		
				・ノートの取り方	研修		
				・机の中の使い方	各自		
				・教室確認	各自 みんな		
				・配布物確認	各自 みんな		

スケジュール表

2 静的仕事①
静的仕事とは

最も大事な静的仕事は学級経営の土台を考えること

　静的仕事とは，端的に言うと「頭で考える仕事」です。中でも最も重要かつ不可欠なことが学級経営の土台を考えることです。学級経営の土台とは，木に喩えると「根」です。根から1本の幹が立ち複数の枝に分かれているのと同様に，すべての指導や活動は根に基づいていなくてはなりません。

　例えば，学級集団が大変荒れていて，グループの固定化や人間関係の上下が顕著であったとします。子どもは自由に育てたいという思いがあったとしても，こうした集団にすべてを自由に任せるのは危険です。自由に任せるにしても，様子を見ながら少しずつ任せていくのがよいでしょう。

　また，あることについては「自分の考えた通りにしなさい」と言い，あることについては「これはこの方法以外は認めない」と指導します。教師側からするとケースバイケースと押さえていることでも，子どもからすると自主性を求められているのか従うことを望まれているのか混乱します。結果，担任は言うことがいつも変わると信頼を失い，指導が通らなくなります。もしくは，大人の顔色を伺いながら行動する依存性の高い集団になります。

　このように，枝葉だけを見て，枝ごと，葉ごとに対応すると，それぞれの整合性がとれなくなります。枝や葉の元にある幹や根がどのようにつながっているのかを考えていないから，場当たり的な指導になるのです。自分の指導の根っこは何か，自分が語る根本に何があるかもわからずに子どもに接していては，出てくる現象（枝葉）ごとに対応しなくてはなりません。そうではなく，自分の根っこは何かをもち，それに鑑みながら枝葉を指導することで一貫したぶれない指導をしていかなくてはならないのです。

静的仕事②

3 子ども，集団の「これまで」を把握する

個々を把握する

●指導要録を読む

　指導要録には，高学年であれば過去４，５年分についての様子や特徴などが書かれています。長所について必ず記述があるはずですから，まずはそこに着目します。また，１年生からどのように変容したか，課題をどのような指導を通してクリアしていったか，どこまでクリアしたかなどを把握することも大事です。特に学習の苦手感，人間関係や情緒面での困難さについては頭に入れておくことが必要です。

　NRT などの客観的数値も，その子の現状を知る上で参考になります。

●生徒指導記録を読む

　可能な限り過去に遡って読みます。誰にどんな問題行動があったか，どのような指導でどのように収束したかを読みます。教師や保護者のかかわりについても知っておくとよいでしょう。

　また，Q-U などの客観的資料があれば，必ず目を通しましょう。前学年までの学級での立ち位置や満足度などを知ることができます。

●家庭環境調査票を読む

　保護者の年齢や兄弟関係，居住地から，どのような家庭環境のもとで学校に通っているかを把握します。保護者から学校への要望や保護者から見た子どもの長短所などが書かれていれば，指導要録と併せて読むことでより幅広く把握することができます。また，病気やアレルギーなどの留意点も把握しておきます。

●教職員に訊く

　多くの学校は前担任との引継ぎがあるでしょう。前述した下調べをしておけば，指導の勘所を重点的に訊くことができます。特に気になる子については，「指導前の様子」「指導の方針とその結果」「引継ぎ時の様子」「周りの子との関係性」「保護者の様子」の詳細を訊いておくことが肝要です。

　ただし，これらはその子の一面的な評価であることを忘れてはいけません。その子が悪いから……と考えるのではなく，その子の課題が教師や集団の関係性の中でどう改善，悪化していったかを冷静に考えることが大事です。同時に，その評価は一人の教師のフィルターを通ったものに過ぎないことも忘れてはいけません。先入観で決め付けず，自分の目で見て確かめながら子ども理解をしていくことを肝に銘じておきましょう。

学年集団の全体像を把握する

　個人の把握を通して，学年集団としての全体像が見えてきます。また，引継ぎ等で集団の姿が語られることもあるでしょう。これらの情報をもとに，次のことをまとめておきます。

・学力の定着度（特に，中学年で差が出やすい算数についての把握が必要です。九九や四則計算が著しく落ちていないか把握します。特に，わり算の筆算が定着していなければ，五年の算数でかなり苦労することになります。計算力の把握と同時に，定着度が低ければどのように高めていくかの戦略を立てることも必要です）。

・授業の様子。学習への意欲，取組み方。

・人間関係。男女の仲の良し悪し。問題行動（単にリーダーシップがあるとか目立つ言動が多いかという視点よりも，全体への影響力の高い子についての把握が必要です）。

・集団としてのよさと課題。

・保護者からの相談や要望。保護者同士の関係性。

・前担任団の指導方針（特に，問題場面での対応について）。

4 静的仕事③ 「目指す子ども像」を共有する

「どんな子どもを育てたいか」を話し合う

　「目指す子ども像」は，この1年を通して個々にどんな力をどのように育むかという根本です。根本を無視して教育活動を行えば，ドラえもんの体に菜々緒の顔を付けたような，ちぐはぐなものができあがります。高学年が納得するには，根本に沿って一貫した指導をすることが大切です。

　「どんな子に」の像は，教育基本法「第1条　教育は，人格の完成を目指し，平和で民主的な国家及び社会の形成者として必要な資質を備えた心身ともに健康な国民の育成を期して行われなければならない」に準じて据えられた，各都道府県や市町村，学校で教育目標に示されています。それに鑑み，学年で「どんな子に」の具体像を考えます。前項で示した方法などで把握した過去の情報をもとに，よさの伸長と課題解決の先にある姿を想定し，目指す「子ども像」とします。

　次に目指す子ども像に近づくための具体的手立てについて考えます。「まずは自信をもたせよう」「そのために，できたことをフィードバックしよう」「頭ごなしに指導せず，傾聴しよう」など，具体的な指導の姿を描きながら出し合います。

全員で共有するための留意点

　最も大事にしたいのは，年齢や経験，性別などに違いがあっても，同じ志向性で指導できるかを確認し合うことです。人によってタイプやアプローチの方法は違いますので，細部までがんじがらめにはできません。しかし，かといってすべてを裁量に任せては，学年でバラバラの指導をすることになり

かねません。「これならできる」という見通しがもてる「落としどころ」を決めましょう。

参考になる書籍などがあれば，それを拠り所にして話し合ったり読み合ったりして進めるのも一手です。

話合いを可視化する

音声言語だけでやり取りするのではなく，紙やホワイトボードに書き込みながら行うと，論点を見失わずに話合うことができます。思考が可視化されてわかりやすいだけではなく，話合いの後も情報を保存できるというメリットも生じます。決まったことだけを書いていくのではなく，どんな過程を経て結論に辿りついたかがわかるよう，書きながら話合いを進めるのがポイントです。

思考の過程や決定事項はそのまま残し，全員が手元に残します。あるいは，大きくコピーして，全員が意識しやすい場所（職員室の机上や壁など）に掲示するのもよいでしょう。

学年経営に迷ったときや，生徒指導に自信がなくなったときは，これを見て省察します。最初の指針に立ち戻り方向性を確認することで，年間通してぶれずに指導することができます。なお，これは子どもたちに会う前の机上論です。実際に自分の目で見て評価し，実態と齟齬があれば変えてくことが肝要です。

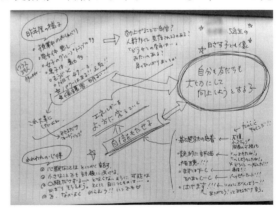

【参考文献】
・『スペシャリスト直伝！　小１担任の指導の極意』宇野弘恵著，明治図書

静的仕事④

5 ともに仕事をするスタッフと 関係をつくる

共有すべきことを伝える

　教科担任制の導入や促進に伴い，高学年にかかわる教職員の数は増加傾向にあります。本来は，中学校のようにかかわるすべての教職員を交えて根本となる像や方針，指導上の留意点などを話し合うべきですが，学年団として組織されていない限り全員集まっての話合いは容易ではありません。

　とは言え，教師によって授業中の指導方針が大きく異なれば，子どもは不満を抱きます。不満が膨らめば，授業崩壊だけではなく，学級，学年崩壊にもつながりかねません。ですから，教科担任による授業が始まる前に，子どもたちには多様な教師から学ぶ価値の大切さを話しておく必要があります。そのためにも，学年として共有したい指導方針や方向性は，予め教科担任にも伝えておくことが大事です。

役割と対応を明確にしておく

　指導の行き違いや誤解を避けるため，教科担任には，次の点を伝えておきます。口頭では忘れてしまうので，可能であれば明文化して伝えるのがベストです。基本方針を示した後，具体的場面でラベリングすると，わかりやすく説明することができます。

・授業中のかかわり方（完全お任せかＴ２として入るかなど）。

・成績の付け方（誰がいつどのような形で評価するか）。

・授業中における子ども同士のトラブルの対応（基本的には，授業者が責任をもって対応すること，前後の文脈によって担任もかかわることなど）。

・保護者からの要望（上に同じ）。

6 静的仕事⑤ 学年の1年間を見通す

1年間を見通す

　高学年は教科数も授業時数も多く，「高学年」という校内的位置付けから，全校にかかわる仕事や対外的行事の取組などもあります。その上宿泊的行事など準備に膨大な時間を要する仕事があり，これらを日々の授業の準備や学級経営などと並行して行っていかなくてはなりません。時期が近づいてから取り掛かるのでは間に合いませんので，常に先々を見通した準備が必要となります。

　1年の初めに，どんな行事がいつあり，およそどの程度準備が必要か，いつから準備をすればよいかという見通しをもつことが余裕をもって仕事をする上では欠かせません。

学校行事を見通す

　スクールカレンダー（できれば教職員向けの詳細がわかるもの）を見ながら，まずは大きな行事（始・終業式，卒業式，運動会，学習発表，宿泊行事など）をマーキングします。次に，準備を要する行事（参観日，集会，通知表，要録提出など）を，別な色でマーキングします。さらに，時間が拘束される会議や研修や校務分掌に関するものなどを別色でマーキング。これで1年間の大きな流れが見えます。さらに，すでにわかっている私的なものも書き込み，別色でマーキングしておきます。これで，1年間のおよその予定を把握することができます。

　次に，準備を要する行事や会議などに拘束される時間に鑑みつつ，いつ頃から準備をすればよいかを考えます。実際に動き出すというより，このあた

りから考え始めようという時期を設定します。写真のように，およその準備開始日から矢印を引いておくと，一層全体像をつかみやすくなります。

高学年は宿泊行事があります。他機関との連絡や予約，打ち合わせが欠かせない行事です。実施日がいつかだけではなく，どんな仕事がありどんな手順を踏むかを知っておかなくては見通しをもつことができません（宿泊行事については5章で詳細を記しています）。周りの先輩や前年度までの担任に訊いたり，過去の資料に目を通したりすることが肝要です。

授業を見通す

高学年になると，中学年よりもさらに教科数も授業時数も増えます。当然ながら内容の難易度も上がります。まずは，教科書をざっくり眺め，どんな学習をするのかを把握します。

「5年生の算数は小学校で最難関」「6年の社会も盛りだくさん」というのは定説です。ですから，最低でも5年の算数と6年の社会の内容と進度は確認しておくことが必要です。新年度は様々なことを丁寧に指導しなくてはならないため，思うように授業が進まないこともあります。そこを見越しながら，夏休みまでにどこまで進めばよいかを確認しておきましょう。教科書に付箋紙を付け，「ここまで終える」と目印にしておくのも一手です。

また，苦手と感じている教科や初めて教える教科があれば，春休みのうちに学習指導要領や教科書，指導書の他，その教科に関する書物を読んで準備しておくと安心です。

　ネット上には多種多様な「ネタ」が散らばっていますが，すべての信憑性が高いわけではなりません。独りよがりの偏った「ネタ」も散見されます。あるいは，「こうすれば必ずうまくいく」といった，短絡的な表現で綴られたものもあります。もちろん質が高く優れた実践もたくさんありますが，見極めが肝要です。

　書籍がすべて正しいわけではありません，自分に合うとも限りませんが，実際に書店で手に取って「これは」と思えるものを探すのもよい勉強です。職場の先輩のおススメを聞き，探してみるのもよいと思います。

必要な「もの」を見通す

　また，総合的な学習や理科など，ものの準備や計画が要るものの確認も必要です。総合的な学習では，外部との連絡が必要なものがないか，校外に出かけるものはないかをチェックしておくとよいでしょう。申し込みや打ち合わせ時期などを，前出のスケジュール表に書き込んでおくと忘れません。

　理科は，実験器具や用具，薬品などの在庫確認をし，不足していればすぐに発注しておくと安心です。ビーカーや試験管の数が少なかったり，リトマス紙やろ紙などがなくなったりしている場合もあります。どんな実験があり何を使用するのかを確認しておきましょう。

　また，ホウセンカやインゲンなど観察に必要な植物の確保も不可欠です。教材園の活用の仕方も含め，どこに何を栽培しなくてはならないかを考えておきます。実験や観察のためならば，教室にプランターを持ち込んで育てた方が効率的な場合もあります。随時観察できる利便さもあります。そうしたことが可能かどうかの検討も含め早めに確認し，計画しておくことが肝要です。

7 動的仕事①
動的仕事とは

動的仕事は実働的な仕事

　静的仕事以外はすべて動的仕事と位置付けると，わかりやすいのではないかと思います。頭で考えるのが静的仕事，実際に身体を使って行うのが動的仕事としてもよいでしょう。

　新年度は，しなくてはならない動的仕事がたくさんあります。教室設営一つとっても膨大な作業量ですから，すべてを丁寧に，時間をかけて行っていてはいつまでも終わりません。何をどこまで，どのように行うかを判断しながら行わなければ，静的仕事にかける時間も精神的余裕もなくなってしまいます。動的仕事をいかに効率的に行うかが，新年度準備をスムーズに行う鍵なのです。

動的仕事を効率化するポイントその1「今か後かを見極める」

　「今」完成させてしまったがために後で手直しが必要になった，「後」に回したため次の仕事が遅れてしまった，ということがあります。仕事の優先順位を見極めることは時間を上手に使う上で重要です。

　例えば，名簿や名前シールなどの順序が関係するものは，できるだけぎりぎりまで完成させない方が無難です。転出入による直前の変更より作り直しが出る場合も多いのです。ちなみに，「名前を貼る」というルールが学校にないのであれば，名前ではなく番号にすると，こうした懸念がなくなります。

　対して，教材選定が遅れると，教材が新学期すぐに届かず学習活動に支障をきたします。よって可能な限り早くに決め，発注してしまうことが肝要です。ちなみに，口頭での注文は伝聞ミスと時間のロスを招きます。発注する

ものを一覧にしたデータで伝えれば，ミスとロスを防ぎ，「注文した，していない」のトラブルを防ぐ証拠にもなります。

動的仕事を効率化するポイントその2「丁寧さが必要か否かを見極める」

　仕事には，丁寧にすべきものとそうでないものがあります。間違えると替えがきかないものは，丁寧に行わなくてはなりません。

　名前やお便りの間違いがないかどうかは，丁寧かつ慎重に作成，確認すべき仕事の筆頭です。初日のミスは教師への不信感を招き，その後の関係に悪影響を及ぼす可能性もあります。

　名前の間違いは，その子の存在を軽視しているかのような印象を与えてしまいます。「斎藤」「齋藤」「斉藤」などのように，同じ音でも異なる漢字を使用する名前もあります。入念なチェックが必要です。

　また，お便りの間違いは信用度を下げる可能性があります。こんなことを間違えるなんて大丈夫？　信用できるかしら？　と思わせてしまいます。誤字・脱字も含め，記載事項に間違いがないか確かめましょう。名簿やお便りは，自分一人ではなく，学年や管理職など，複数の目での確認が安心です。

　対して，丁寧さが不要なものもあります。内部向けの保存資料など，わかればよい，見えればよい，あればよいというものです。特に，自分しか見ないもの，学年だけでわかっていればよいものやメモなどは多少雑でもよいのです。「きれいなテンプレートを探し，丁寧に文字を打ち込む」という作業時間を費やす価値があるか否かを見極め，割り切れるかが勘所です。

動的仕事を効率化するポイントその3「手間をどうかけるかを見極める」

　「黒板アート」で新学期の黒板装飾をすることが話題になりました。「素晴らしい！　圧倒される！」「自分たちのために手間をかけてくれてうれしい！」という声が飛び交う一方，「時間の無駄」「暇なの？」というマイナスコメントも散見されました。みなさんはどうお考えですか？

　黒板アートの是非を第三者に問うことはできません。描き手にとって「黒

板アート」というアイテムが，全体の中でどの程度重要かは人によって異なるからです。自分の武器はこれだ！と思っている人にとっては，たとえ時間がかかっても効果は高いものです。しかし，大きな理由もなく行うなら時間の無駄です。「描いた」という自己満足だけです。何に手間をかけ，かけないかという基準は，つまりこういうことです。

こうした観点から，私は，新年度の黒板装飾に極力手間をかけない派です。新学期の黒板なんて，余程すごいものでない限り子どもの記憶に残りません。一度きりのものに手間をかけるのは無駄だと考えています。ですから私は，過去にラミネートを掛けて作ったものを貼って終了です。毎年同じものを同じように貼れば，レイアウトに悩むことなくあっという間に完成します。

動的仕事を効率化するポイントその４「少し先を見極める」

忙しさのあまり，目の前のことで手いっぱいになりがちな新年度ですが，ほんの少し先を見極めて仕事をすることで，結果的に効率的な仕事につながることもあります。

例えば，ロッカーなどの名前（番号）シールの準備です。「貼る場所は，ロッカーと靴箱と机と……」と数え，１人につき６か所分のシールが必要とわかったとしましょう。これをラベルプリンターなどで大量生産する際，１人につき６枚作ってはダメなのです。２，３枚多く作るのです。もしかすると，シールがうまく貼れず１枚ダメにしてしまうかもしれません。後から１枚だけを作り足すというのは，なんとも面倒なものです。あるいは，他に貼るべき場所が出てくる可能性もあります。何より作り終えたシールをもう一度作り足すのは，なんとも癪です。精神的によくありません。

ちなみに，名前ではなく番号で記すのであれば，転入生を見込んで２つの番号まで作っておくと後々の手間を省くことができます。

動的仕事を効率化するポイントその５「終わりを見極める」

仕事の効率化というと，目の前の仕事をいかに手早く処理するかに集約さ

れがちですが，実は，始めるときにどれだけ終わりがイメージできるかどうかが重要なのです。

例えば，多くの場合，名前シールは，ロッカーなどに直貼りします。直に貼ることで手間は生じませんが，年度末に剥がすときが大変です。くっついてなかなか剥がれず，時間が掛かります。しかし，ビニールテープを貼った上にシールを貼れば，すぐに剥がすことができて楽です。ビニールテープを切り放さず1列に貼った上に貼れば，取るときに一気に剥がせ，より一層楽です。初めのほんの少し手間をかけることで，後で何倍も手間が省けることの一例です。

ちなみに，椅子などに個別にビニールテープを貼るときは，はさみで切りながら貼るよりも，カッターマットにテープを貼り，その上にシールを貼り，カッターで切って作業した方が何倍も効率的です。

また，教室に配備されているものでも不要なものは袋をかけて棚や空き教室にしまっておきます。使わないのに出しておくと汚れが付き，教室を引き渡すときに洗ったり磨いたりしなくてはならないからです。

ゴミ箱にビニールをかぶせて使用する，水を捨てる度にバケツの底を軽く洗うのも，年度末の手間を省くひと手間です。

余談ですが，新年度に物を収めたときの棚や机の中，物の配置や掲示物などを画像として残しておくと，次年度別の教室に入ったときに配置を一から悩まずに済みます。画像の通りに機械的に物を収めればよいので，大まかな時短が望めます。

高学年は1年中時間に追われます。初めに手間をかける価値があるかないかを見越しながら効率よく仕事をしましょう。

8 動的仕事②
教室設営

物の配置を決める

　教師机や棚などの配置が校内で統一されていない場合，どこに何を置くかを考えることも大切です。「普通はここにこれを置く」「ここに置くのが便利だ」という理由で配置を決めがちですが，どこに何を置くか決めるときに最も配慮しなくてはならないのは，安全性です。

　例えば，種類の違う棚を並べて置けば，奥行きのある棚が床面に飛び出ます。すると子どもが通るとき，飛び出た部分に足を引っかけたり頭をぶつけたりする可能性があります。あるいは，同じ種類の棚でも，場所や置き方によっては極端に通路が狭くなることがあります。そうすると，棚につまずいたりぶつかったりする可能性があります。そうした可能性を少しでも排除するために，できるだけ出っ張りがなくなるよう，通路を広く確保できるように配置を考える必要があります。

　安全性の次に配慮すべきは，死角をなくすことです。背の高い棚などを2列に配置すると人が入り込んでも外からは見えにくくなります。怪我の心配もさることながら，死角ができることによってそこでのトラブルも懸念されます。そうした場所がなくても，教師机を置く場所によって教師から死角ができてしまう可能性もあります。教師机は前面の角に，できれば斜めに配置することで教室全体を見渡すことができます。子どもから見たときに，いつも教師の姿が見えるというのはトラブルの抑止力になり得ます。

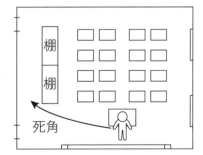

安全性の確保という視点で言うと，壁や棚の不要な釘やフック，低い位置や背の届く位置に張ってある針金などを取り除くこともお忘れなく。思いがけない事故を防ぐために，壁面の棘や画鋲などの針がないかのチェックも欠かせません。

　利便性の面で言うと，子どもたちがよく使うものは，取り出しやすいように配置します。わかりやすく仕分けしたり，かごやケースに入れて保管したりするとすっきりします。余裕をもって収納することで乱雑になりにくく，散らばってもすぐに直すことができます。

児童机の配置を決める

　新学期は，集団を把握するという意味で，スクール形式で並べるのが無難です。慣れてきたら必要に応じてアイランド型やコの字型などの並べ方を選択するのもよいでしょう。

　スクール形式の場合，列を真っ直ぐ同間隔で並べます。見た目がすっきりするだけでなく，必要な通路を確保できるからです。地震や火災などの災害時に通路が確保されていなければ，逃げ遅れにつながる可能性がありますので，できるだけ通路は広く確保して配置します。

　そのためには，子どもたちが自分で机を真っ直ぐ揃えられるような手立てが必要です。壁に机を揃えるしるし（ビニールテープ）を付けるのが有効です。机と机の間が均等になるように採寸し，テープを貼ります。床にマジックで印を書く方法もありますが，色がはげかけたときに床が汚れて見えてしまいますし，年度末の手間が増えてしまいますのでお勧めしません。

掲示物の配置を決める

　どこに掲示するかを考える前に，何を掲示するかを吟味しなくてはなりません。学校だより，学年通信，学級通信，保健だより……と定期的に出されるおたよりをすべて掲示する必要はあるのでしょうか。あるいは，決まりやお知らせなどは本当に掲示するほど重要なものでしょうか。

　必要度と重要度というフィルターに通してみると，意外と不要でどうでもよい掲示物があると気づきます。また，壁面に掲示しておかなくても，クリアブックやフォルダなどに入れて保管し，必要なときに取り出せるようにすればよいものもあります。個々が持っていればすむものもあります。掲示物を減らし教室をすっきりと，そして，少しでも多く，子どもが作った掲示物や作品が貼れるスペースを確保したいものです。

　何を掲示するかが決まったら，どこに掲示するかを決めます。全員からよく見える場所には，伝えたいものだけを貼ります。横は子どもたちの活動に関するものを，背面は学習に関するものを貼るなど，壁面ごとにテーマを決

めて掲示すると統一感が生まれます。子どもたちが自由に掲示できるスペースを作るのもおすすめです。また，頻繁に貼り替えなくてもよいようにフォルダに入れて掲示するなど掲示方法の工夫も大事です。先々を見通して，スペースを空けておくことも肝要です。

次に，どのように掲示するかを考えます。基準は，きれいにすっきり見えること，持続可能であることです。きれいにすっきり見せるために，掲示物の高さや幅を揃えます。一つ一つ目分量で行っていては時間がかかりますし，なかなかまっすぐ貼れません。同間隔で配置するのも難しいものです。なんとなく貼ってバランスが悪くなったり貼り切れなくなってしまったりしてやり直さなくてはならないこともあります。それを防ぐために，まずは壁の幅と高さを採寸します。それを掲示物の枚数で割り，1列に何枚貼れるか，何cm間隔が取れるかを割り出します。それに従って壁に鉛筆で薄く小さく印をつけてから貼ると，均等にまっすぐ貼ることができます。

また，掲示物を貼る台紙を同系色で揃えると統一感が生まれます。緑や青などは，教室を落ち着いた雰囲気にします。

教室整備で厳しさを見せ，トラブルを予防する

床には消しカス一つなく，壁の掲示物はきれいに整い，机もイスと整然と並んでいて，ロッカーの中の物もきちんと収まっている教室。ここの担任はどんな人だと想像できますか。きっと多くの場合，きれい好きできちんとした人柄を思い浮かべるでしょう。丁寧で真面目というだけではなく，厳しさを感じませんか？　教室環境を整えることは教室美化へのこだわりの強さを示し，「指導を徹底する」というこだわりを示唆します。

教室を常にきれいに整えることは，問題の未然防止にもつながります。整理整頓して死角をなくせば，物隠しもし難いものです。また，掲示物を剥がさないようにと，教室での乱暴な遊びや動きを抑制させます。万が一掲示物が剥がれていたら，そこで何かがあったかもしれないと予見することにもつながります。

9 動的仕事③
学年通信，学級通信の作成

学年通信はお知らせを漏れなく載せる

　学年通信第1号には，緊急度の高い情報を記載します。「お知らせ」「お願い」だけではなく，なぜそうしてほしいかという趣意を記載することで，担任団の方針を伝えることができます。

学年通信第1号の記事の主な内容例

・進級のお祝いの言葉。

・担任団の紹介，挨拶。教科担任の紹介。

・今年度の学年経営の方針について簡潔にわかりやすく。

・学校に保管しておくもの（はさみやのりなどの学習用具）一覧。

・全校や学年で統一している指導事項などの確認とお願い。

・提出物の締め切り一覧。

・4月学校行事の一覧。

・クラス分け名簿。

　クラス名簿は，自治体によっては個人名を出せない場合があったり，保護者の要望に鑑み必ず出すことになっていたりするようです。作成前に必ず確認を取りましょう。また，名簿を載せる場合は，名前を間違えないことが絶対条件です。前述しましたが，「吉田」「渡辺」「山崎」などの漢字は，一画の長さや形が違うなど数種類あります。指導要録などの確実な資料をもとに作成しましょう。誤字や脱字，情報の間違いは学年や学校の信頼を失うことになります。複数の眼で確かめてから発行しましょう。

学年通信
●●市立○○小学校
第6学年
第1号
文責・宇野・松坂・福山・高田
令和○年4月○日発行

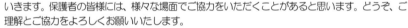

ご進級おめでとうございます

　進級おめでとうございます。小学校生活最後の1年が始まりました。これからの1年間は、各教科の基礎・基本の定着はもちろん、自分の考えを発表し、互いに交流しながら考えを深め、思考力や判断力を高めていくことができるよう指導してまいります。

　また、コロナ禍の中ではありますが、自分も他者も唯一無二尊い存在として互いに大事にし合える心を育んでいきたいと考えています。

　これからの1年間、子どもたちの大きな可能性を十分に引き出し、伸ばしていくことができるよう担任一同力を合わせ子どもたちを支えていきます。保護者の皆様には、様々な場面でご協力をいただくことがあると思います。どうぞ、ご理解とご協力をよろしくお願いいたします。

1組/宇野　弘恵　　2組/松坂　桃李　　3組/福山　雅治　　4組/高田　純次

学年目標「和」について

　子どもたちはどの子も、唯一無二の大切な大切な存在です。ですから、どの子にも自分のことを大好きで誇りに思ってほしいと思っています。そして、自分の考えを大事にし、自分の足で自分の人生を歩める人になってほしいと思います。

　一人一人が自分を大切に思うことができたなら、隣にいる友達もまた、自分と同じ唯一無二のかけがえのない存在であることがわかるはずです。そうすれば、自分と同じように他者の存在や考えを尊ぶ心が育っていくのではないでしょうか。

　「和」は、人と人のつながりを表す「わ」であり、「なごやか」「やわらぐ」などの読み方があります。おだやかに、ゆるやかに、あたたかなつながりができ、小学校生活最後の1年をどの子も笑顔で送ってほしい、自分の成長を実感し豊かな気持ちで卒業してほしい、そんな願いを込めて目標に掲げました。一人一人が互いの権利を大事にしながら自分らしく成長していけるような関わりをしていきたいと思います。

◎年度初めという事で、たくさんのプリントを配付しました。大切なお知らせになりますので、目を通しておいて下さい。また、期日までに提出していただくものもあります。期日厳守で提出をお願い致します。

☐　個人情報確認書類　（12日まで）

☐　児童調査確認票　（12日まで）

☐　通学路図　（12日まで）

※保健調査票未提出の方は、明日持たせてください。

学級通信は1年間のことを考えて発行する

　学級通信の発行義務はありませんから，必ずしも出すべきものではありません。また，学校によっては回数やフォーマットが決まっていたり，出さないと規定されていたりするところもあるようです。ですから，ここでは，「出すならこんな視点で」というものを提示します。

　大部分の保護者は，我が子の新担任への関心が高いものです。学級だけに向けて書く学級通信は，担任の人となりを知ってもらえるいいチャンスになります。しかし，保護者が最も知りたいのは，単なる人への興味関心ではなく，我が子を安心してお任せできるか否かを知りたいのです。ですから，一般的な自己紹介に終始せず，どんなことを大事にしているか，どんな教育方針かを知らせ，理解いただけるような文面にします。

　私は学級通信1号で，教育方針を伝えることにしています。年齢や趣味など個人的なことは，不要に距離を近づけたり遠ざけたりしてしまうと考えているため載せていません。

　私の場合，学級通信には教室の様子を保護者に伝えるという機能をもたせています。高学年になると，学校のことを話さない子も多くなり，様子がわからず不安を抱く保護者もいます。問題やトラブルが起きた場合，学級の様子や雰囲気がわからないことで，保護者を過剰に心配させたり問題をややこしくさせ

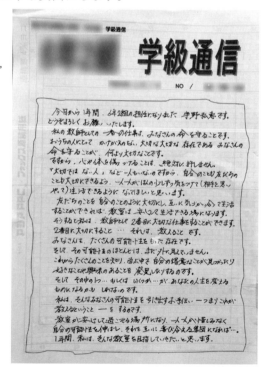

たりすることがあります。教師が見ている教室との違いが大きいため，状況がうまく伝わらないのです。通信で様子を伝えることにより，こうしたギャップを縮めることが期待できます。

　また，子どもたちの様子も積極的に載せることにしています。マイナスになることは一切載せず，子どもたちのよさや言動の素晴らしさを書きます。こうすることで，クラスにどんな子がいるか，子ども同士がどんな関係性なのかを伝えることができます。高学年になり交友関係が見えなくなったとか，名前は知っているけれどどんな子かしら？という保護者の心配に応えることにもなります。

　通信は，毎日定期発行しています。毎日発行することで，特別ではない日常の出来事を伝えることができますし，担任が学級や子どものことをよく観ていると印象付けることもできます。

　とはいえ，毎日発行するのは，慣れるまではなかなか大変です。人によって「やりやすさ」は異なりますので，最小限の労力でできる方法を見つけ出すとよいと思います。私の場合は，放課後の約7分間を使って手書きで行っています。ほぼほぼ文章ばかりですが，行事などのときは写真も入れます。フォーマットを教室の教師用机の中に入れておき，子どもたちが帰った瞬間に書き始めます。通信は毎朝子どもたちに読み聞かせします。子どもの名前とともにエピソードを紹介していますので，最低でも名前があった号だけは，その子の保護者の目に届くという目算です。

　以上は，あくまでも私の場合の取組です。学級通信が1年間の学級経営や保護者とのつながりのために位置付いており，難なく毎日発行できるスキルが身に付いていてできることです。初日だけ力の入った通信を発行することにあまり効力はありません。初回の通信を出すときには，1年間をどう発行するか，何のために発行するかを押さえておく必要があります。

【参考文献】
・『THE 学級通信』「THE 教師力」編集委員会著，堀裕嗣編集，明治図書

10 動的仕事④
初日の動きをシミュレーションする

1日の流れと自分の動きを俯瞰する

　私の勤務する自治体では，初日に始業式と入学式を行い，なおかつ午前放課という大変慌ただしい日程が組まれています。地方によって日程は違うようですが，気忙しく，あるいは緊張の初日を迎えることは同じではないでしょうか。

　学級開きを滞りなく行ったり，教科書配付など行うべきことを取りこぼさず完了したりするためにも，初日にどう動くかを記しておくと安心です。必要であれば，何を話すか，何分で行うかなども予定しておくとよいでしょう。1日の流れと自分の動きが俯瞰できるようにすることで，余裕をもって初日を過ごすことにつながります。

抑えるべきポイント

　高学年を初めて担任する場合は，少し面倒でも分刻みで動きを記しておく方が安心です。準備時間に余裕がない場合でも，最低限，このコマでは何をするか，何を話すかは記しておいた方が無難です。

- ・時系列で大雑把な流れを把握。特に下校時刻の確認は大事。
- ・何時にどこに行けばよいか，どのような指示が必要かを把握。
- ・どこで何を配付し，何をどの程度説明するかを確認。
- ・どの場面で何を指導するかを確認。
- ・名前の読み違いがないかを確認。
- ・忘れそうなものには，マーキングや付箋で注意喚起。

3章

新学期から1週間の全仕事マニュアル

1 出会いの演出

特別なことはなくてもよい

　初日の出会いで最も大事なことは，子どもたちがほっとしたり楽しくなっ
たりして「明日も学校に行こう」と思えるようにすることです。

　かつては初日に教師が面白いことや芸を披露したりして，子どもを笑わせ
て楽しい気持ちにさせることが必要かのように言われたこともありました。
そうした取組により，教師の人となりが伝わって安心したり，楽しい翌日を
期待したりできる効果はあります。なんだか面白そうな先生だ，楽しい毎日
になりそうだと前向きな感想を抱かせるなど，プラスの効果が期待できる面
もあります。

　しかし，日常は楽しいことばかりでも面白いことばかりでもありません。
単なる「ネタ」や「芸」を披露して子どもを楽しませているだけであれば，
それが尽きれば子どもを楽しませることはできません。そればかりか，それ
とのギャップで，地味で大変な学習や活動をつまらなく思わせてしまう可能
性すらあります。

　「ネタ」や「芸」が，日常の授業や活動につながるのなら価値はあります。
例えば，手品を披露した後に休み時間にそれを教えることで子どもとのつな
がりをつくったり，ギターを披露した後も音楽の伴奏はギターで行なったり
するなどです。そうした価値付けができないのであれば，派手な演出はしな
い方が無難です。

初日にしか伝わらないものを伝える

　初日に伝えなくてはならないのは，教師の構え，覚悟です。この1年をど

のような1年にしたいと考えているか，そのために，どのような指導をするのかを明確に伝えることです。力んだり威圧的になったりする必要はありません。担任としてこれだけは譲れない，大事だと思うことを，子どもたちに伝わるように話せばいいのです。

みなさんにとって，担任としてこれだけは譲れない，大事にしたいこととは何でしょう？

私が担任として譲れないことは，他者の命に傷を付けることです。身体的な暴力だけではなく，心を傷付ける暴言やいじめもダメです。他者の命，つまり尊厳を傷付けることは絶対の絶対にしてはいけないことです。

ただこれを「先生は，人の命を傷付けることは許さない」とだけ言っても伝わりません。言葉の意味はわかるでしょうが，子どもの心まで届いて，他者の命を大事にせねばと真剣に思うまではいかないでしょう。一人ひとりの命がどんなに大事でかけがえのない尊いものか，だからこそどの命も大事にしなくてはならないこと，そのためには他者の心や体を傷付けることはしてはいけないことがわかるような工夫が必要です。

具体的なエピソードや事例を交えるのもよいでしょう。できれば実体験に基づくものであったり，教師自身が強く心を揺さぶられたものであったりすると真剣度が伝わります。担任が自分の言葉で実感をもって語ることでしか機能しない，そういうものをちゃんと伝えることが肝要です。

伝え方を工夫する

ただ話すよりも，何かを媒体にして伝える方が効果的です。

初日の学級通信に文面を載せ，その場で読み聞かせするのもよい方法です。伝えたいことを強調して示した提示物を見せながら行うのもインパクトがありますし，プレゼン画面を提示しながら伝えるのもいいでしょう。

「授業」という形にし，子どもたちに思考させたり，話し合わせたりしながら伝える方法も大変効果的です。

2 自己紹介

自己紹介の実施意義

　自己紹介は，互いに知り合うことが第一の目的です。互いの名前や特徴を知ることで，少しでも子ども同士の関係が近くなることを目的に行います。しかしながら，初日にみんなの前で自己開示するということは，なかなかハードルの高い活動です。「人前で話すのが苦手」という子も発表できるような手立てが必要です。

自己紹介のための手立て

　発表が苦手だという場合，理由は主に２つ考えられます。一つは，何を言えばよいかわからないことです。ですから，紹介内容を自由にせず，項目を提示します。そうすれば，何を話してよいかわからないという不安は払しょくできます。

　時間枠にもよりますが，高度なことは避けるのが無難です。名前，特技や趣味，好きなもの等の紹介で終わっても全くかまいません。余裕があれば「楽しみにしていること」「好きなものの理由」を言わせるのもいいでしょう。

　もう一つの理由は，発表すること自体に苦手感をもっている場合です。この１回きりで苦手感は解消されるものではありませんが，練習時間を設けることで緊張感の軽減を試みます。できれば，全員で一斉に発表する時間，ペアで聞き合う時間があるといいでしょう。ペアで聞き合う場合は，互いにアドバイスし合ってから再度聞き合えるようにすると，さらに安心です。

　時間に余裕があれば，ワークシートに書いてから行います。本番はワークシートを見ずに言わせるのが基本ですが，どうしてもできないときは見ても

よいことを伝えておきます。

自己紹介シート　　　月　　日　名前（　　　　　　　　　　　　）

①最初のあいさつ

②好きな物をとりあえずたくさん書く

③みんなに伝えたいものを１つだけ選ぶ。その理由

④最後のあいさつ

ワークシート例

自己紹介で何を指導するか

　自己紹介は「話す，聞く」を指導する大事な場面です。恐らく新学期最初の発表場面になるでしょうから，初回に基本的なことを指導してしまいます。

話し手
・話し手から最も遠い人にもはっきり聞こえるように。
　〜聞こえなければ，わかってもらえない。
・聞き手の方を見て話す。
　〜誰に聞いてほしいかの意識化。

> **聞き手**
>
> ・話し手の邪魔をしないように聞く。
>
> 　〜話し手を最大限尊重する。
>
> ・話し手の方を見て聞く。
>
> 　〜話を聞くことが，話し手を承認し，尊重しているサイン。
>
> ・何かしらのフィードバックをする。
>
> 　〜拍手や歓声，ポジティブな感想などは受容のサイン。

　きちんと聞きなさい，話しなさいとだけ教えるのではなく，「聞くことは他者尊重の第一歩」「話すことは他者と関わる重要ツール」という根本を共有できるようにしましょう。互いに大事にし合うということは，他者がどのような考えをもっているかを知ること，自分がどう考えているかを知ってもらうことです。一人や一部だけが尊重されるのではなく，どの人も同じように尊重されるべきだから，どの人の考えも受容的に聞こうと投げかけます。

自己紹介のどの場面で何を見取るか

　自己紹介では，個人と集団のおよその傾向を見取ることが可能です。どんな傾向のある子がいて，どんなパワーバランスがあり，誰がキーマン（ここでは，学級の空気を統率する子とする）になっているかを見極めることができます。この３つを見取るには，全員が発言する自己紹介は格好の活動です。

●どんな傾向のある子がいるか

　書く場面では，鉛筆の持ち方や書く速度，内容などからある程度の学力が推し量れます。丁寧に書く，なかなか書き出さない，取り組もうとしないなど，学習への意欲や指示の通り方や姿勢などもわかります。また，どんな筆箱を持っているかでも派手さの傾向や物の扱い方などが見えます。

　話す場面では社交性や積極性が見えます。躊躇なく話せるか，恥ずかしがらずに話せるかなどで見えます。また，話す内容でユニークさやまじめさ，

柔軟度合いも見えます。

　ペア練習の場面では，社交性が見えます。ペアの子との人間関係が把握できていない時期なので一概には言えませんが，人とのかかわり方を読み取ることは可能でしょう。どの程度他者との距離をもって活動するかもわかります。全体的に，指示がどんな速度でどの程度通る集団かを見取っておくことも肝要です。

●誰がキーマンか

　子どもたちにとって少しだけハードルが高そうな指示を出してみます。例えば「本番は紙を持たずに行う」と伝えます。このとき，子どもたちがどう反応するかがキーマン発見の第一ポイントです。「紙を見ないで」と言った段階で，恐らく「えー」といった声が上がるでしょう。誰が大きなアクションをとるか，あるいは声高に意見するかを見るのです。その瞬間，周りの子たちはどう反応するか，空気はどう変わるかを見ます。大人しい集団はそうした反応が見えにくい場合もありますが，表情の変化や目線の向きに注意を注ぎ，目線が集まる子がいれば要チェックです。発表のとき，一人だけもてはやされる子も要チェックです。

●どんなパワーバランスがあるか

　発表は自席で立たせて行います。発表者の位置が変わるので，聞き手はいちいち目線をずらさなくてはなりません。そうすると，視線が集まりやすい子，あまり注目されない子の傾向が見えてきます。発言に対するリアクション（目配せや嘲笑的な表情）も見えやすくなります。

　笑いをたくさん集める子がどう扱われているかにも注目します。この子がキーマンならば，強い突っ込みの声は聞かれず，賞賛するような笑いが起こります。逆に強く突っ込みを入れる子がいれば，その子がキーマンである確率はかなり高いと予想できます。笑いが嘲笑であればいじめの存在も疑いましょう。

　見取ったことは，必ず記録として残します。初日からどのように変化したかというその後の見取りの基準になります。

3 高学年（最高学年）の心構えの指導

高学年はお手本であり，高学年としての責任がある？

　小学校は６年間と長く，１年生と６年生では心も体も発達に大きな違いがあります。また，「学校」という場所に慣れているのも長年通っている高学年です。年長者，経験の多い者，古くからいる者が，そうではない者に教えたり親切にしたりするのは，社会の道理と言えます。

　また，学校の雰囲気は，「そこ」にいる者たちでつくられています。校風とか伝統というものも，代々「そこ」にいた者たちがつくってきたものです。現時点で学校に長くいるのは高学年ですから，現時点の学校の空気をつくっているのは高学年と言えます。そして，その空気は伝統として引き継がれ，校風となっていきます。ですから，よい伝統を引き継ぎよい校風をつくっていくことに最も寄与する立場にいると見ることもできます。

押し付けていては湧いてこない

　「お姉ちゃんなのだから我慢しなさい」と言われると，反発したくなります。反対に「お姉ちゃんって頼りになるわ。ありがとう」と言われると嫌な気持ちはしません。前者は「先に生まれただけなのに」「お姉ちゃんって損」という意識を植え付け，後者は順番に関係なく存在を肯定した言い方です。

　学校現場でも，「高学年は低学年のお手本になるもの」「最高学年として責任ある行動を」などという言われ方をしますが，これも同じことではないでしょうか。低学年には高学年を見習ってと言いたいし，高学年が下級生を労わったり助けたりしてほしいと望みます。しかし，当の子どもたちにその自覚も思いもなければ，立場や責任を教師が勝手に押し付けているようにしか

感じません。労わりたい，力になりたいという貢献意欲は，押し付けられるものではなく湧くものです。ですから，「高学年なのだから〜しなさい」と押し付けてはいけません。年長者として動かざるを得ない場面を意図的に設定したり，役割が担えるような場面をつくったりすることが肝要です。

　加えて，「ありがとう」と感謝される経験を積めるようにすることも必要です。できて当たり前，して当然ではなく，他者から感謝されることを通して立場を自覚できるような指導がしたいものです。

フィードバック場面を設ける

　入学式や新学期の準備や後片付け，1年生のお世話など，高学年にしかできない仕事の場面をたくさん設定します。

　例えば，入学式の会場準備であれば，椅子を運んだり並べたりするなど，力を要したり数をこなしたりしなくてはならないものを割り振ります。可能であれば，どんな仕事をどのようにするかを明示し掲示しておきます。そうすれば，教師が一つ一つ指示しなくても，自分たちで考えて動くことができます。高学年としての主体性を承認するよい機会になります。

　こうした場面に限らず，高学年がよく働く姿や低学年に優しくしている姿を見たら，いつでもフィードバックしてもらえるよう全教職員にお願いしておきます。そして，フィードバックが来たら，必ず子どもたちに伝えます。

　また，低学年に優しく接している姿や，親切にしている姿の写真を掲示するコーナーを設けるのも一手です。教室内に掲示するのもよいですが，敢えて他学年に見えるように廊下や玄関前に掲示するのもよい方法です。あるいは，先生方からのメッセージを貼り付けたり，親切にしてもらった子から直接お礼を書いてもらったりするのも効果的です。「やらせ」っぽくならないよう形式ばったり強要したりしないよう短期間で終えることがポイントです。

　低学年とかかわらせる場合，小さい子たちが調子に乗って高学年に暴言を吐いたり暴力を振るったりすることがあります。せっかくの意欲も親切心もしぼんでしまうので，そうした場合は担任に伝えるよう話しておきます。

4 去年との相違の埋め方

「去年は○○だったのに……」という心理

「去年はよかったのに，どうして今年はだめか」「去年のA先生は許してく
れたのに，どうしてだめなのか」という訴えを聞くことがあります。この訴
えから，大きく次のことを読み取ることができます。

1つは，前年度までの環境が心地よかったというものです。前担任との関
係性もよく，学級集団としての機能度も高かったのでしょう。できればよい
環境を継続したいという気持ちは至極当然のことと思います。

あるいは，大きな理由がなくそう発言することも考えられます。同じこと
を継続するのが当たり前，これまでも同じことが続いていたという場合，素
朴な疑問として出されることもあるでしょう。

こうした思いから「去年は……」ということが発せられたときに，「去年
は去年，今年は今年」「あの先生はあの先生，私は私」という論を頭っから
浴びせてしまうのは危険です。先生は自分の気持ちをわかってくれない，要
望を聞き入れてくれないワンマンな人だと受け取られる可能性があるからで
す。この想いがマイナスに働けば，担任に反発心を抱いたり心を閉ざしたり
し，円満な関係づくりに支障をきたすかもしれません。

これとは別に，明らかな意図をもって発せられる場合があります。去年ま
での環境がその子やその集団にとっては都合がよかったという場合です。

席替えを例に考えてみましょう。去年までは，自分たちで話し合って決め
ていたとします。話合いの主導権が発言力のある一部の子たちだけにあった
場合，その子たちにとっては好都合な方法です。掃除についても同様です。
去年まではざっくり適当に終わらせればよかったものが，丁寧に掃除するよ

う明示されれば面倒だと思う子もいるのではないでしょうか。

　自分たちにとっては好都合だったという利己的，自己中心的な発想に過ぎない発言もあるのです。それを無闇に肯定してしまっては，教師をコントロール可能な存在と思わせてしまうことにもつながりかねません。あるいは「何でも子どもの言いなりになる頼りない先生」と思われ，信頼を薄くしてしまう可能性も考えられます。

自分の根っこを自覚する

　これを解決するには，まずは，自分はどのような教育観をもっているかという根本を明確に自覚しておくことです。根本とは，すべての指導をする根拠となる部分です。例えば，廊下を走るなと指導するはなぜなのでしょうか。一般的には，安全性の確保，公共性の尊重のためです。しかし，そもそも子どもというのは動きたがりですし，まっすぐ伸びる廊下を見れば走りたくなる衝動性をもっているものだと思います。あるいは，急いでいるときは走りたくなりますし，周りに流されて走ることもあります。

　こうしたことを考慮しない一律的な指導は，形式でしかありません。安全性，公共性の点から走らないのは基本ですが，いつ何時も走らない子に育てたいのではありません。最終的には，自他の命と権利を守るために，時と場に応じた行動を選択できる子に育ってほしいのではないでしょうか。廊下を走らないというのは端末の枝葉であって，それは根本に自他の命と権利を守れるという教育観があってこそ意味を成すものだと思います。

　表層の善悪，良し悪しではなく，その奥にあるものをもっていなくては，「去年は……」という訴えに正対することはできません。教育観に照らすことなく「去年は……」の訴えに対応してしまえば，行き当たりばったりの指導になってしまうからです。

　また，なぜ自分はそのように対応するかをもっていれば，他の教育活動と整合性をもって指導に当たることが可能です。2章2項で述べたように，枝葉をどうするかの前に，自分の根っこである根本を明確にしておくことは大

切なことなのです。

訴えの意図を聞く

「去年は……」がどんな意図でどの温度で発せられるかを瞬時に読み解く
ことは難しいという前提に立つと，すぐに判断し答えるのは危険です。まず
は，子どもの思いを聞きましょう。去年はどうだったのか，去年どんな利点
があったのか，どうしてそう考えるのかを聞きましょう。子どもたちの訴え
を理解したい，ちゃんと考えたいという思いを見せます。

「それは，楽しい経験だったね」

「なるほど。そういう方法もあるのだね」

と，肯定的なフィードバックをします。そうすることで，訴えを理解した，
受容したと伝えることができます。

その上で，よければ訴え通りにすればよいですし，自分の根本とはずれる
と思えば断ればいいのです。根本が同じでも，自分には訴え通りに行える自
信がない場合も断ればいいのです。すぐに判断できないときは即答せず，熟
考したり学年の先生などに相談したりして決めたってよいのです。

訴えを受け容れられないときは頭ごなしに言い渡さず，丁寧に思考のプロ
セスを伝え同意を得るようにします。

統一見解で指導する

学校で指導基準がばらばらだと，「去年はよかったのに」「〇〇先生はこう
だったのに」と思わせてしまいます。すべて一律基準がよいとは思いません
が，学校で基準を揃えること（現象面を揃えるのではなく，できれば理念を
共有し指導に当たりたい）も必要です。また，子どもは「去年は学級に担任
の私物の遊ぶものをたくさん用意してくれたのに，今年はない」という目に
見える違いに敏感です。よいものや便利なものは全学級に同じように配置さ
れるのが理想です。学校予算で揃えられないときは，学年や生徒指導部，管
理職などに相談し子どもが不公平感を抱かないような配慮も大事です。

5 日直の仕事と指導の在り方

日直で付ける力は何か？

　日直の仕事内容をどうするかは，日直をすることでどんな力を付けさせたいかということに帰結します。まずは，日直を行うことでどんな力を付けられる可能性があるのかを考えてみます。

　・1人で司会をしたり，話したりする力。
　・全体に周知徹底するような伝達の力。
　・時間を意識しながら前もって行動する力。
　・時間をやりくりして仕事を行う力。
　・行うべき仕事を優先して行う力。
　・最後まで責任をもって任務を果たす力。

　次に，日直の仕事として成立しうるものをピックアップしてみました。加除や賛否は有ろうと思いますが，ネット上で日直の仕事として挙がっていた物を例示します。

　・朝の会，帰りの会の司会　・日直スピーチ　・日程表示
　・授業，給食時のあいさつ　・授業の諸連絡
　・プリント配付，返却　・学級日誌

　机並べ，窓閉め，電気のつけ消しなどの仕事を日直の役割としているものもありました。それらを行うことで役割を遂行する力を養う可能性がある一

方で，役割でなければしなくてよいという意識を形成してしまう可能性もあります。共有部分の不備不足などに誰もが意識を向け，誰でも行えるようにするのが社会に出て生きる上で必要なことと考えます。

　また，宿題チェックや他者に注意することを仕事とする考えもあります。これは，子どもに上下関係を生む可能性があるばかりか，できない子を晒したり他者の言動に口出ししたりすることを助長する可能性があります。日直の仕事を何にするかは，子どもの関係性を壊したり疎外したりしないかという視点からも考えなくてはなりません。

自分で考えて仕事を全うできるよう工夫する

　高学年ですので，決められた仕事は自分で考えて行えるようなサポートをします。例えば，朝の会の司会シナリオを掲示するのではなく，プログラムだけを書いて掲示します。画一的な「セリフ」ではなく，自分の考えた言葉で話すよう指導します。

　最初から自分で考えて司会をするのが難しい場合は，慣れるまでセリフ付きシナリオを掲示し，慣れたらプログラムのみにするというやり方もあります。

　また，教師や周りがいちいち促さなくても仕事ができるようチェックリストを掲示しておくのも一手です。日直

朝の会
（8:29 黒板前に立つ）

1　はじめのあいさつ
2　朝のあいさつ
3　月　全力じゃんけん
　　火　朝の歌
　　水　笑顔リレー
　　木　朝の歌
　　金　HSN タイム
4　健康観察
5　朝の連絡
6　おわりのあいさつ

の自覚がもてるよう前日に確認したり，教室の前面に名前を記しておいたりするなどの手立ても有効です。

6 朝の会・帰りの会の指導

「時間通り」が最優先

　何においても，時間通りに始め時間を過ぎずに終えることが肝要です。朝の会が長引けば1時間目の開始が遅れます。毎日1時間目に2分食い込めば，年間200日×2分で400分（6時間40分）の損失になります。

　毎日1時間目の授業が遅く始まれば，子どもたちに1時間目の授業は重要ではないと誤学習させてしまう可能性があります。あるいは，時間は守らなくてもよいというメッセージを与えてしまう危険もあります。さらには，教師の裁量で時間延長を是とすれば，個人の都合で全体のスケジュールを変えてもよいと思わせてしまうかもしれません。

　時間通りに開始するには，まずはその趣意を全体に伝えなくてはなりません。朝の会に限らず，時間を守って行動することは社会生活において必要なことです。こうした表面的な価値ではなく，なぜ時間を守る必要があるのかを自分の言葉で語るようにすることが大切です。

　時間を守ることは，他者の権利を守ることと通底しています。聖路加国際病院名誉院長でいらした日野原重明先生は，絵本『いのちのおはなし』（講談社）の中で，「いのちは生きている時間だ」とお話されています。決まった時間枠を破ることは，他者の時間を奪うことです。すなわち，他者の「いのちの時間」を侵害していることです。時間を守ることは，他者の時間を守ることと同義で，他者の命を大切に守ることと同じであることを話します。日野原先生の絵本を読み聞かせながら話すのも一手です。

帰りの会についても同じです。時間を過ぎても帰りの会が長々と続けば，早く帰りたい子の権利を奪います。早く帰りたい子が急いで走って帰り怪我をする……などというのを避けるためにも，帰りの会も決まった時間枠で終えることが肝要です。

時間枠から逆算してプログラムを決める

「話す，聞く力を付けたいから朝の会で日直スピーチを入れよう」「1日を楽しく終えるために帰りの会でミニゲームをしよう」という思いは理解できますが，それらは本当に時間枠に収まる活動なのでしょうか。

教育効果があるからと何でもかんでも詰め込めば，当然その分，時間を要します。まずは必要不可欠なものをプログラムに組み込み，それにかかる時間を引いた中でできることを考えましょう。

日によってお知らせが多くなることも考えられます。1時間目の教科によっては，教室移動や準備のために少しだけ早く活動を始めなくてはならないこともあります。時間枠をぎちぎちに使うのではなく，2，3分の余裕をもってプログラムを組むことがポイントです。

先生のお話が最大のネック

時間が延びる最大の原因は，もしかしたら教師自身にあるのかもしれません。要領を得ないことをだらだらと話したり，わかりきっていることを延々と話したりはしていないかなどときどきセルフチェックが必要です。

特に，帰りの会にお説教を長々しても何の効果もありません。忘れ物の注意喚起もほぼ意味がありません。先生のお話では，その場にどうしても必要なことだけを簡潔明瞭に伝えることが大事です。

【参考文献】
・『その指導，学級崩壊の原因です！「かくれたカリキュラム」発見・改善ガイド』横藤雅人・武藤久慶著，明治図書
・『いのちのおはなし』日野原重明著・村上康成絵，講談社

7　係活動・当番活動の指導

係活動で何を育てるか

　係活動は，学級生活の充実や向上を図るための活動です。学級（学校）生活を円滑に行う当番活動とは一線を画し，学級を楽しく豊かにするための自主的で創造的な活動を指します。「自主的」「創造的」ですから，どんな係があるとよいかは子どもたちに考えさせるのが基本です。「新聞係」「遊び係」などありきたりのものではなく，係活動によってクラスが幸せで豊かになる活動を考えさせます。

　クラスが幸せで豊かになるとは，つまりクラスが楽しい雰囲気になったり，仲良くなったりすることです。文化的なものを共有し，豊かになるものもよいでしょう。「何をするか」ではなく，「何ができるか」という自分の好きや得意を生かせるものはないかという視点で考えさせるのもよいでしょう。

　どんな係があったらよいかや人数枠を決めてから，全員で所属を決める方法があります。この方法の利点は，話合いによって係の内容が精選されるため，有意義な係が選定される可能性があるということです。また，複数人で活動しますので，何をしたらよいかわからない，どう活動してよいかわからないといった心細さや不安を取り除くことができます。

　反対に，係の発案が無責任さを生む可能性もあります。「どんな係があったらよいか」と問えば，自分ができることや，したいこととは関係なく，思いつくまま何でも意見が出される場合があります。希望を集約した結果，誰もやりたがらず，誰かが嫌々引き受けるということも起こり得ます。

　また，係活動への当事者性が薄れてしまうのも心配です。自分では意見を出さずに他者の意見に従ったり，仲良しの子と同じ係を安易に選んでしまっ

たりする可能性もあります。そうなると，「自主的」「創造的」に活動することが難しくなるかもしれません。

自分が貢献できることを考えさせる

　楽しく幸せに学校生活を送りたい，教室に笑顔が溢れ豊かな日々であってほしいという願いは，すべての子が望んでいることだと思います。しかし，楽しさや幸せ，豊かさとは，誰かから与えられるものではありません。自分の力で獲得していくものです。ただ黙っているだけで幸せが降って湧いて出てくるのではなく，自分の努力や働きかけによって生まれるものです。係活動を行うということは，自分が場に貢献し場に幸福を生むということではないでしょうか。

　どんな係にするかを考える前に，子どもたちにはこのことをよくよく理解させる必要があります。そうでなければ，係活動は与えられたものであり，しなくてはならない面倒なものになってしまうからです。

　私はこうした話をした後，

・クラスが今よりもっと楽しく幸せになるための活動。

・自分の好きや得意を生かせる活動。

という視点で，自分がしたい仕事を理由とともに紙に書かせます。集めた紙をその場で，同じ係，似た係，説明が必要な係に分けていきます。どういう係なのかわからない場合は説明を求め，似た係の場合はその違いを尋ねます。似た係に見えて同じものは本人たちの同意を得て統合し，違えば個々の係としてつくります。人数が多すぎると思う係にはテーマを分けて別係にするか否かを問い，1人きりの場合はどうするかを尋ねます。「1人でもOK」となればそのままですし，「1人ではちょっと」となれば似た趣意の係に編入，統合できないかを探ります。こうすれば，自分の意志で係を選定することができますし，自分の願い通りの活動で学級に貢献することができます。

　ちなみに過去の係には，こんなものがありました。

・思い出係～卒業までの日々をみんなの心に残るようなものを企画する。

・太鼓係〜習っている太鼓をみんなに聴いてもらいたい。
・お悩み相談係〜困っている人の相談を聴き，一緒に考える。

　どんな係がよいかの例示にするのもよいと思います。

場に貢献できているかが持続の鍵

　係が決まったら，できるだけ早い時期に第1回目の係活動の時間を設けます。係が決まった瞬間の勢いやワクワク感が薄れないうちに計画を立てます。

　詳細に計画するのがよいと考えるかもしれませんが，余り細かな内容を決めてしまっては融通が利かず活動しづらくなってしまいます。また，決めたことができなかった時点で活動意欲が削がれる場合もありますので，大まかな内容をざっくりと決めることがポイントです。また，活動数を欲張らず，何らかの形で場に貢献すればよいと押さえておきます。

　ちなみに，活動の停滞を防止するために，定期的に活動する時間を設けたり活動チェックをしたりする先生もいるようです。意欲喚起のために賞状などのご褒美を与えたり，活動回数に応じたポイントを営業成績一覧表のようにして掲示したりする取組もあるようです。これらは，活動すること自体が目的になってしまう可能性があります。成果ではなく活動過程を大事にできるよう，「場に貢献できているか」を省察できるようにしましょう。

当番活動は係活動とは分けて考える

　掃除，給食当番に代表される当番活動は，輪番で役割を担い責任を全うさせるものです。当番活動の趣意説明で大切にしたいのは，集団生活を維持していくためには役割を分担する必要があることです。一部に押し付けるのではなく，仕事を分担して担うことで，互いが心地よく生活できることを確認します。詳しくはそれぞれの項で書きますが，共通することは，活動の意義と内容が明示されているということです。

【参考文献】
・『小学校学習指導要領（平成29年告知）解説特別活動編』文部科学省

8 給食指導

　一口に給食指導といっても，内容は多岐に渡ります。大きく分類すると，
・給食準備や後片付けを含めたシステムについて
・当番活動をいかに行うかについて
・給食を食べる指導について
があります。

　多くの学校では，ゆったりと食べる時間は確保されていないのが現状です。
食べる時間を確保するためには，できる限り準備を早く終えなくてはなりま
せん。それには子どもたち一人ひとりの協力が欠かせません。給食が始まる
初日の４時間目に給食指導についての時間を確保し，次のことを指導します。

　・４時間目終了時の動き，当番とそれ以外の動き。
　・準備の手順，方法。
　・おかわり，量の調節，好き嫌い，アレルギー，残し物について。
　・食事中のマナー，決まりについて。
　・片付けの手順，方法。

　画像などの資料を用いたり，実際に動いてみたりしながら伝えるのは言う
までもありません。また，一度では覚えきれませんので，必要度の高いもの
は定着するまで明文化して掲示しておくことも必要です。

　学校によって決まりごとが違います。現状とそぐわない場合もありますが，
例示として指導事項の詳細を以下に記します。

食べる時間を確保するための下準備

　授業終わりと同時に準備ができるよう，4時間目が長引かないように注意することが大前提です。

●4時間目終了後

・素早く学習用具を片付け，給食準備をする。

・当番の子が一刻も早く当番活動が開始できるよう，手洗い場を優先的に使わせる。

・当番が給食を運搬する場合，こぼしたり落としたりしないように注意。一度に持ち過ぎないことと，走らないことを確認する。

・当番以外の子は，手洗いやトイレなどを済ませたらすぐに着席する。立ち歩きは配膳の妨げになる。

効率的な準備の手順，方法

　効率よく，それでいて安全を確保して動けることが肝要です。

●基本

・教室内の動線を決めておく。一方通行でぶつかり合わないようにする。

・当番以外が全員着席してから行うことで，落ち着いた雰囲気の中で活動することができる。早く着席せねばという意識にもつながる。

●盛り付け

・食缶は右側，食器は左側に置く。手が体の前で交差せず，作業効率が高い（左利きの場合は逆に配置）。

・どの子も同じ量を盛り付けるのが基本。特定の子だけの要望が通らないようにしておく。量の調整方法については後述。

・できるだけきれいに盛り付ける。特にしゃもじに付いた白飯を食器のヘリでこすり取らないよう注意。

●配膳

・盛り付けたものを取りに来させるのか配るのかを決める。どちらにもメリ

ットとデメリットがあり，人数や教室（通路）の広さにも左右される。

	メリット	デメリット
取りに来る	・個に応じた量の調整がしやすい。 ・流れ作業で楽。	・時間がかかる。 ・人の動きが多くなる。
配る	・速い。 ・同時進行しても混乱が少ない。	・その場での量の調整が難しい。 ・配り忘れが生じやすい。

(1)取りに来る場合の効率的な方法例

　①量の調節の要らないものを列順に取りに来る。

　②量調節の要るものを盛る。「ご飯少盛り」「ご飯普通盛り」「ご飯大盛り」「ご飯特盛り」などと声をかけ，好みに応じて取りに来させる。場合によっては「きのこ減らしてください」など，個別の要望に応じることも可能。また，最後に特盛りを呼ぶので，余りなく配膳することもできる。

　③人数や広さによっては，①と②を同時進行することも可能。

(2)配膳する場合の効率的な方法例

　①盛り付けは同時進行で行う。量を個別の要望に合わせると時間がかかるので，全て同じ量を盛る。量の調整は配膳後に行う。

　②窓側から，教室の奥から，前からなどというように，配膳する順番を決めておく。こうすることで配り忘れを防ぐことができる。

　③配る相手を選り好みしない。また，配られたものに注文を付けずに受け取る。「もっと多いのがほしい」「少ないのにして」など，個別の要望に応じない。

おかわり，量の調節，好き嫌い，アレルギー，残し物指導

　肝心なのは，予めどうするかが決まっていること。場当たり的な対応は喧嘩やトラブルの元です。

●おかわり

・早い者勝ちやじゃんけんは，奪い合うことを教える。余ったものを等分することは，分け合う，譲り合うことを教える。

・力のあるものだけが得をすることがないような配慮が必要。

●量の調節，好き嫌い，残し物

・個人によって食べられる量は違う。自分が食べられる量を自分で選択決定し，食べきる努力を教える。

・嫌いなものは1mmでもよいから食べてみる。難しければ匂いを嗅ぐ。嫌いだから苦手だからと拒絶せず，自分から歩み寄ることが異質を理解，受容することにもつながることを教える。

・完食を目標にしない。結果的に残してしまっても責めない。

●アレルギー

・自分で除去できる場合でも，毎回必ず担任が確認する。

・万が一アレルギー反応が出た場合の対応方法を予め確認しておく。

・アレルギーの届けがなくても，喉がかゆいなどの反応が出た場合は，養護教諭と連携しすぐに対応する。管理職への報告と同時に保護者にも連絡。

食事中のマナー，決まり指導

　食べ方のマナーや躾は，基本的には家庭教育の範疇と思います。しかし，他者と食事をともにする場面で最低限必要なことは，学校教育の中でもできる躾です。

　高学年になると，お箸の持ち方や食器の扱い方などを指導するのはとても難しいことです。学級の状態やその子との関係性を見ながら指導します。

・立ち歩かない，大声で話さない，口に物を入れたまま話さないなど，高学

年にとって当たり前と思うことも，最初に確認しておく。汚い言葉や下品な話題を出さないことについても同様。

・人をまたいで会話させない。
・食べ物の受け渡し，交換はさせない。

効率的な片付けの手順，方法

・時間的に可能であれば，いっせいに下膳させる。食べ終えた順に下膳させると，不要な立ち歩きやおしゃべりを誘発し教室が雑然とする。
・列ごとに順を決めて下膳すると混乱しない。一度にすべて持たせると，片付けが乱雑になる。食器とごみは分けて持たせるのが無難。
・食べものを付けたまま食器を置かない。残りかすはきれいに食べさせるか，きれいにとらせる。
・食器は，音を立てずに丁寧に置く。公共物を大切に扱わせる。
・ゴミもきれいに捨てる。できるだけ小さく重ねて美しく。
・食器やごみの下げ方に配慮することは，その先の作業をする人への配慮につながる。

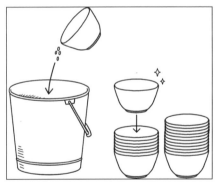

【参考文献】
・『小学校低学年　学級経営すきまスキル70』堀裕嗣・宇野弘恵編著，明治図書
・『小学校高学年　学級経営すきまスキル70』堀裕嗣・大野睦仁編著，明治図書
・『中学校　学級経営すきまスキル70』堀裕嗣・山下幸編著，明治図書

9　掃除指導

掃除で何を育てるか

　掃除で最も大事なことは場をきれいにすることと考えていれば，場がきれいになる方法を徹底して教えたり，掃除のやり残しがないようなシステムを敷いたりします。すべての作業を細かに割り当てたり，役割を細分化して示したりするのがそれにあたります。

　掃除で最も大事なことは早く終えることだと考えていれば，効率よく動いたり，誰もさぼらないようにしたりする手立てをとります。いちいち指示したり監視してさぼらせないようにしたりするのが手立ての一つです。

　このように，どんな掃除システムをしくかは，掃除を通して何を育てたいかということと通底しています。ですから，どんなシステムで掃除をするかを考えるときに，「早く終える」「誰もさぼらない」といった現象面を解決する方法だけに注目せず，その方法で何を育てるかを考えることが肝要です。

掃除を通して育てるものを明確にもつ

　私は掃除を通して次のことを育みたいと考えています。

・場に必要なことに気づき，自ら行動に移せること。
・他者を慮り，他者と協同して活動ができること。
・よりよい方法を考えながら活動ができること。

　よって，次のような方針で掃除指導を行っています。

- ・掃除の基本的な手順，道具の使い方などは教える。
- ・掃除区域の割り当てはするが，役割分担はしない。その場に必要と思う仕事を自分で探して行う。
- ・基本的に，注意や指示はしない。しかしそれを容認しているのではないことは事前に話しておく。
- ・仕事に偏りがある，時間がかかるなどいう問題は，自分たちの問題として子どもたちから問題提起されるようにしておく。
- ・いわゆる掃除の反省会は行わない。個々の働きぶりを連帯責任として転嫁させない，反省会の形骸化を防ぐという意図。自分の働きぶりについては，日記や作文などにより個人で省察できる機会を別にもつ。
- ・自分の考えで活動していたり，他者に親切にしたり場に貢献したりする姿を価値付けし，学級通信で紹介する。

　これらは，平田治先生のご論考，ご実践にある「自問清掃」「掃除論」から学んだことを参考にしています。この部分だけを切り取って学級のシステムとして組み入れてもうまくいきません。取り入れる場合は，以下に示す参考文献をお読みください。

　どのように掃除に取り組ませるかを考える前に，「どんな力を育むか」を明確にしてみましょう。その上で，これを具現化するにはどんな方法が適切かを探ってみましょう。提示した掃除方法がうまく機能しなければ，子どもたちと相談しながらよりよい方法を見つけていけばよいのです。

掃除に必要な最低限の指導

　掃除のさせ方にはいろいろな考え方がありますが，基本的なことは教え，整える必要があります。

●掃除用具のチェック

- ・人数に見合ったものを揃えておく。

・古い物，壊れたものが入っていないかチェック。用具は丁寧に扱うメッセージを込める意味合いでも，掃除用具は美しく保管しておく。

●掃除についての説明

・掃除が始まる初日に趣意と方法を話す時間を確保しておく。

・どの手順で掃除が進むかの流れは押さえておく。

・一人で行った方がよいもの，みんなで一斉に行った方がよいものを教えておく。

・次の人に迷惑がかからないように使ったものは元通りにしまう。特に箒は，穂先が曲がらないようにひもで吊す。

・用具の使い方の確認。モップや自在箒の柄に乗らない，振り回さないなどの確認もしておく。

●掲示物

・掃除個所と方法，手順を簡潔に示す。定着するまで掲示。

・掃除用具入れや雑巾のかけ方のモデル画像を示す。

【参考文献】
・『子どもが輝く「魔法の掃除」―「自問清掃」ヒミツ』平田治著，三五館
・『学校掃除と教師成長―自問清掃の可能性』平田治著，一莖書房
・『これからの学校清掃〈自問清掃のすすめ〉』平田治著，一莖書房

10 委員会，クラブ活動

活動趣意を押さえる

　委員会もクラブ活動も，高学年になると自動的に付随してくるため，その意義を考えることなく活動させてしまいがちです。ですから，子どもたちに面倒な活動であると認識されたり，重要ではないと思われたりすることがあります。よって，活動の初めにはどういう趣意で活動が位置付けられているかを説明しておくことが肝要です。学習指導要領では，どちらも異年齢で協力して活動することを前提に位置付けられています。その上で，委員会（児童会）活動は，学校をよりよくするために役割を果たすこと，クラブ活動は個性の伸長を図ることを通し，行動の仕方や意思決定，自己実現ができるような資質・能力を育成することを目指す活動です。趣意説明例を提示します。

●委員会（児童会）活動

　今よりもっと，毎日学校に来たいなあとか，よい学校だなあと思えるようにするために，自分たちにできることを自分たちで行う活動。教科学習のように，「これをしなくてはならない」と決まっていないので，自分たちの考えで活動を決めることが可能。

●クラブ活動

　自分の好きなことができる時間って，他にはない。学校で，自分の好きなことを存分にできる学習はクラブ活動以外にない。

不平・不満の出ない所属の決め方

　高学年に限らず，自分の考えではなく，仲良しの友だちと同じところに所属したいと考える子たちは一定数います。そうした心理は理解できますが，

高学年だからこそ，仲良しがいなくても活動できる，自分の考えで行動してみるという経験を積ませたいものです。活動の趣意と合わせて伝え，自分はどこに所属したいかをもたせるところがスタートです。

　どちらも所属人数の規定がありますから，必ずしも第一希望に所属できるとは限りません。希望者が枠より多い場合はどうするかを予め周知しておいてから決め始めなくては，不満やトラブルの原因となります。学校によって取り決めや規制があるでしょうから一概には言えませんが，自分の考えで所属を決める方法の一例を下記に示します。

委員会所属の場合

①委員会活動の趣意や，各委員会の設置理由などを説明する。

②決め方の説明。

・用紙に自分が所属したい委員会を書き提出。委員長などの役割に立候補希望があれば書く。

・全員の希望がわかるように，板書などで可視化。役割希望がわかるよう，マーキングするなどしておく。

・委員長候補者は，より高い問題意識をもち，より責任をもって活動したいと考えているので最優先決定。次いで副委員長，書記の順に優先。

・例えば，委員長候補１の場合，この候補者の所属は即決定。残りは優先順位ごとにじゃんけんで決める。人数枠を超えて委員長がいればその人たちだけでじゃんけん。

・負けは，埋まっていない枠に再希望を出し同様の手順を踏み決める。

・役割に立候補すると公言した人は，必ず委員会で立候補すること。立候補しても落選するのは止むを得ない。

③説明についての質疑，意見の確認ののち実施。

　大切なのは，決め始める前に最後まで説明し，納得した上で始めることです。ルールの後出しは公平性に欠け，不満を生みます。

11　異学年交流

　多くの学校では，入学期の１年生と最高学年である６年生の交流の場を設けていると聞きます。１年生に学校生活について教えることを目的としている面もありますが，互いにとって心理的にプラスの作用をもたらす面もあります。

　１年生にとって，優しく接してくれる６年生は年長者のロールモデルとして機能する可能性があります。年少者への接し方を学ぶ機会になります。

　６年生にとっては，１年生はできなさやわからなさをもつ存在に見えます。それを可愛いなあと感じたり，そんなこともできないのかと驚いたりします。１年生のそうした姿はかつての自分たちの姿に重なり，できなさやわからなさを超えて今があることを感じ取る機会にもなります。こうした経験は，寛容さを育てることにもつながります。

　もちろん全員がそうなるわけではありませんし，活動のさせ方によっては単に「めんどくさい交流」にもなってしまいます。１年生のお世話を押し付けられたとならないような活動の位置付けが肝要です。

「１年生のお世話」は取り掛かりが大事

　「うちの学校は，毎年６年生が１年生の面倒を見ることになっています」
　「君たちも１年生の頃に６年生にお世話してもらったから，今度は君たちの番です」
　このように決め付けられ，押し付けられるように言われて「よしやろう」という気持ちは湧いてくるのでしょうか。めんどくさい，１年生がかわいく

ないと思っている６年生だっています。趣意が説明されなければ，「お世話」という活動はただこなすだけの作業になってしまいます。どんな活動についても言えますが，何のために，なぜ行うのかが共有されることが最初に行われるべきことです。

　アプローチの仕方は様々です。初めから前向きな６年生はより張り切って，後ろ向きだった６年生は少しだけ前向きになれるような方法を考えます。一例をご紹介します。

　取り掛かりとして，１年生の担任団からお手紙が届くようにしておきます。内容は以下の通り。

---

①毎年行われているので今年もお願いしたい（押し付けがましくならないように注意）。

②１年生がどんなことに困り不安を抱くかを具体的に紹介。

③担任だけでは手が回らない。放置すると，１年生の不安が増長することを紹介。

④１年生が学校に慣れるまで，少しだけお力を拝借したいとお願いする。

⑤特別なことはしなくてもよい。自分が１年生のときに６年生にしてもらったことをしてくれれば十分と伝える。

⑥もし，１年生がわがままを言ったり甘えて無礼な態度や乱暴な言動をしたりしたときは，遠慮せずに教えてほしい。１年生には「お世話になっている目上の人に，そういうことをしてはいけない」ことを教える。

---

　②を読み上げた後に，自分たちの１年生のときのことを想起させます。簡単に交流し，知らないことが多い，不安に思ったことがあるなどを押さえます。これで１年生の大変さに心情を寄せることができることをねらいます。

　続けて読み上げ，⑤の後，過去の６年生に何をしてもらったかを想起させ

ます。これも同じように交流し，優しかったことや大好きだったことなど押
さえます。これには，自分にも1年生時代があり，6年生の手を借りて来た
ことを実感させるねらいがあります。

　最後の⑥を読み上げることで，「年長者がお世話するのが当たり前なので
はなく，していただく側が礼節をもって尊敬すべき存在であること」を伝え
ます。1年生の担任には，6年生にそのように接してもらうことをお願いし
ておきます。

年間を通して継続的に交流する

　1年生が学校に慣れるまでとせず，年間通して交流するのがおススメです。
漠然と全体で交流するのではなく，年間通して交流相手を固定します。そう
することで個々の結び付きが生まれる可能性があります。

　何か難しいことを行う必要はありません。教科内容をアレンジしたり，隙
間時間に行ったりすることも可能です。できそうなことをとにかくピックア
ップし，できることをやってみましょう。

●年間指導計画例

　①入学時のお世話
　②出会いの自己紹介　交流相手を固定して
　③交流相手にお手紙　年に数回のやり取り
　④牛乳パックの開き方や掃除の仕方などを教える
　⑤アサガオの種植え　6年生が種の植え方をレクチャーし，手伝う
　⑥合同体育　初めてのプール学習　ドッジボール　鉄棒　スキーなど
　⑦絵本の読み聞かせブックトーク　互いが選んだ本を読み合う
　⑧てるてる坊主プレゼント　遠足や修学旅行前にプレゼント
　⑨似顔絵プレゼント　対面して互いの似顔絵を描く　最後にプレゼント
　⑩卒業前のお礼　卒業おめでとう&ありがとうのお手紙

4章

新学期から3か月の
全仕事マニュアル

1 基礎学力のチェック

前学年までの学力がどの程度定着しているかをチェック

　前章でも触れましたが，前学年までの学力がどの程度定着しているかの把握は必要です。NRT などの客観的データがあればおおよその傾向は見て取れます。この場合は全体の傾向と，個々がどの教科のどの分野でつまずきがあるかを中心に見取ります。

　これとは別に，5 年生では，算数の基礎知識，基礎技能がどの程度定着しているかの把握が必要です。算数は学力差が開きやすい教科です。3 年生からは文章題が増え，分数や少数などの抽象的概念を具体的なものに置き換えて考えるプロセスが求められます。3 年生時で抽象的思考の具体化につまずいていて，3，4 年の学習が積み上げられていない可能性もあります。

　5 年生の算数は，小学校最難関と言われる手ごわい単元のオンパレードです。土台のないところに新しい学習内容は積み上がりません。年度初めに定着を確認し，早めに手を打つことが必要です。

　単元ごとの定着テストを行うのが理想ですが，年度初めの多忙な時期にその時数を確保するのは難しいかもしれません。そうであっても，以下の 2 つについてだけは，絶対に定着をチェックしておくことをお勧めします。

・かけ算の筆算ができるか。桁数の多い計算がすらすらできるか。
・わり算の筆算ができるか。整数÷整数がすらすらできるか。余力があれば，整数÷少数ができるか。

学習に必要な基礎学力をチェック

学習を積み上げるために必要な基礎学力がどの程度定着しているかの見極

めも必要です。

　教科に限らず，どの授業においても「話す」「聞く」「書く」ことは基本です。こうした基礎学力がどの程度定着しているかは，授業をどの程度，どのようなスピードで行えるかを判断する上で必要不可欠な見取りです。

●話す
・誰とでもすぐに対話できるか。
・自分から意見を言うことができるか。
・全体に聞こえるように発言することができるか。
　〜自己紹介や発表場面で一人ひとりを見取る。

●聞く
・すぐに話し手に注目して聞くことができるか。
・指示を正確に聞き取ることができるか。
・必要なことを漏らさず聞くことができるか。
　〜発表場面で聞く姿を見取る。簡単な指示ゲームなどで個々を見取る。

●書く
・どのくらいの時間と正確さで視写できるか。
・どのくらいの時間と正確さで聴写できるか。
・考えや思いを文章にして書くことができるか。
　〜視写は板書の様子を観察する。あるいは，簡単な視写課題を出して観る。
　　聴写，文章を書く力も同様。

学習意欲もチェック

　基礎学力とは言わないのかもしれませんが，学習に対する粘り強さや集中力も見取っておきます。年度初めは普段よりも高い意欲で頑張っていることを念頭に置き，見取ります。

2　学ぶ集団にする手立て

まずは聞く雰囲気をつくる

　学びの基本は聞くことです。聞くことができなければ学習は成立しません。まずは，集団を聞けるようにしなくてはなりません。

　他者の話を聞くということは，他者の思考や感情に耳を傾けるということです。他者の存在を尊重し，受容するという思いの現れが，耳を傾けるという行為です。ですから，他者の話を聞かないというのは，他者の存在を大切に思わないということであり，存在自体を否定するということです。他者が話していてもそれを遮ったり，平気でおしゃべりを続けていたりするのは，他者意識に著しく欠ける行為であることを自覚させなくてはなりません。

　話し手が教師であるだけではなく，誰であっても聞いてくれるから話したくなるものです。ですから，聞き手は話し手に「あなたの話を聞いているよ」ということがわかるように聞くことが肝要です。

聞くことの基本
・話し手に顔（からだ）を向ける。
・頷いたり相槌を打ったりするなど，反応を示しながら聞く。
・話の腰を折らず，最後まで聞く。
・嗤ったり蔑んだりせずに聞く。

　「反応を示しながら聞く」のハードルは高く，最初からはなかなかできないものです。初めは頷くだけもいいですが，自分は聞いているということを自分なりの表現方法で表出できるよう促します。「へえ」「そうなんだ」「同

じだ」「わかる」「似ている」などの感想を，画一的にみんな揃って言うのではなく，個々が言えるようになると，聞いてもらえていることがよく伝わります。聞く雰囲気ができると，話し手が安心して発表できるようになります。

勉強することが前提であることを示す

　高学年までに，すっかり勉強嫌いになって進級してくる子も少なくありません。どうせ自分はできない，勉強なんてやっても無駄だと思い，教師の指示や指導に従わない場合もあります。そうした態度が見られても，力づくで学習させようとするのは多くの場合逆効果です。教師との関係が悪くなり，指示にことごとく反発する可能性もあります。かと言って何もせず放置しておけば，周りを巻き込み授業妨害に発展する懸念もあります。学習が積み上がらずに差が開き，ますます学習意欲を欠いてしまうかもしれません。

　表面的に無気力に見える子も，心の奥底では「できるようになりたい」と願っています。でも，できない現状に心をくじかれ，できないでいるのです。まずは教師が「意欲のない子」「できない子」「ダメな子」「どうしようもない子」という色眼鏡で見ずに，どの子も「本当はできるようになりたいと思っている子」と見ることがスタートだと思います。その上で，勉強しない現状をどう考えているか，どうしようと思っているかなどと対話を重ねていくしかないと思います。

　「勉強しなくてもよい」ではなく，「勉強した方がよいと思うけど，今はできないのだね。どうしたらよいかな？　先生にできるサポートは何だろう？」という姿勢を見せることは，その子だけではなく全体に「学習することが前提」という姿勢を示すことでもあります。学習しない子を容認しているのではないことを伝え，全体の意識が緩むことを防ぎます。

　こうした対話を重ねつつ，小さな成功体験を積ませていくことが肝要です。できなさではなく，少しでもできたことを喜び合える関係を目指しましょう。

【参考文献】
・『国語科授業づくり入門』堀裕嗣著，明治図書

3 基礎学力 UP の手立て（国語編）

毎時20分間の基礎タイムを設ける

　国語の学力は，幼いうちにどれだけ活字に触れてきたかに左右される面が大きいと実感しています。実際，全国学力・学習状況調査においても，読書経験が多いほど正答率が上がるという分析結果もあります。これについては，一部の結果だけを根拠にする疑問や，「学力が高いから読書経験が多いのでは？」という見方もありますが，言語に触れる活動の必要性に異論をもつ方はいないのではないかと思います。さて，国語の時間を平坦に使っていては，「読む」「書く」「話す」「聞く」の力を付けるための時間の確保ができません。こうした力は一時に集中的に行って付くものではないので，毎日少しずつ積み上げていくことが肝要です。そのために，私は，「ユニット学習」の考え方を用いて，毎時間次のようにプログラムを組んで学習しています。

①読み聞かせ（5分間）
②漢字学習（5分間）
③書く時間（5分間）
④音読（2分間）
⑤本時の学習（25分間）

　このように枠を決めておき，その中身は実態に応じて変えたり発展させていったりします。取組時間はわずかですが，毎時間必ず取り組むことで力が積み上がります。毎日同じルーティーンで行うことで，見通しをもって学習させることにもつながります。

中身を変化，発展させながら続ける

　同じことばかりでは飽きてしまい活動が停滞するということや，様々なアプローチで力を付けたいという理由で，プログラムの中身を変えて行います。

●読み聞かせ（5分間）

　年度初めは絵本からスタートし，童話や児童書に移行します。物語に触れる，集中して聞くことが目的です。それとは別に，一つのお話を介して教室に豊かな時間が生まれ，しっとりと授業を始めることができます。

●漢字学習（5分間）

　新出漢字を毎日3つずつ練習。ドリルで先取りします。まとめのテスト時期やドリル終了後は，ミニテスト＆答え合わせ＆練習を行います。

●書く時間（5分間）

　年度当初は100マス作文を行います。視写力を高めるため，視写プリントを行う期間もあります。取り組んだプリントはすべてファイリングします。

●音読（2分間）

　教科書を読むのが基本ですが，初見の文章をすらすら読める練習として，教科書外の文章を読ませる期間もあります。フラッシュカードでことわざや四字熟語を行うこともあります。

●本時の学習（25分間）

　授業では，聴写の時間を設けます。また，考えを書かせて発表する時間を必ず設けます。こうした積み上げを継続していくことが肝要です。

【参考文献】
・『全員参加の全力教室―やる氣を引き出すユニット授業』杉渕鐵良・ユニット授業研究会著，日本標準
・『平成21年度　文部科学省　委託調査研究　学力調査を活用した専門的な課題分析に関する調査研究　C．読書活動と学力・学習状況の関係に関する調査研究　分析報告書』静岡大学
・『書く力を高める小学校「100マス作文」入門―題材選択能力の育成と共通・継続・肯定実践』三谷祐児著，明治図書

4 基礎学力 UP の手立て（算数編）

基礎計算を積み上げる

　1時間の学習の中には，理解と習熟の両方の時間が必要です。ですから，国語のようにユニットで学習する余裕はありません。しかし，5分程度の短時間であれば可能です。授業開始の5分間を基礎学力の習熟に充てます。

　基本的には，100マス計算など，無理なく継続することができるものがよいでしょう。ただ行わせても意味がありませんので，毎回目標を設定したりタイムを記入させたりすることが必要です。制限時間を何分にするかは難しいところですが，最初は全員がやり切れそうなところからスタートするのがよいでしょう。慣れてくるに従って時間を縮めるのも一手です。

　また，基礎学力の定着度の低いものを練習するのもよい方法です。5年生の「小数のわり算」に入る前に，わり算の筆算を練習しておくと効果的です。ただし，全く筆算が定着していないのに練習問題だけをさせても意味がありません。劣等感を与え，やる気を奪うだけです。やり方がわかっていない子がいる場合は，互いに教え合う時間を経て練習タイムに移行したり，隙間時間などで個別にサポートしたりする必要があります。

　また，難易度の低いものや少ない問題数から取り組み，慣れてきてから難しい問題にしたり問題数を増やしたりします。タイムを記入できるようにしておくと，成長を可視化することができます。こちらもファイリングしておくと長期的な自分の成長がわかり，意欲につなげることができます。

複数の学び方の環境を用意しておく

　わからない，できないまま単元が終わらないように，定着が十分でないも

のは，必ず解決できるような時間を確保します。わからない問題は自分から訊きに行き教えてもらうよう，自由に学ぶ時間を確保します。

　こうした関係性をつくることが先決ですが，自分が最も勉強しやすい環境を選択できるようにしておくことで，抵抗なく教え合うこともできます。

●説明し合うことを日常化する

　授業の最後だけではなく，随時交流の時間を設けます。例えば，「円の面積の公式を伝え合う」「なぜ2で割るのかを説明する」など，前時の説明としても機能します。

●体育帽子でラベリングする

　意見や意向の分布を見たり，その後の交流につなげたりするときに，体育帽子の色で意思表示をさせます。同色同士，別色同士で意見交流するほか，教えてほしい人は白，教える余裕のある人は赤など目印としても機能します。ちなみに，「帽子なし」も使えば3択，縦に割って「ウルトラマン風」にすれば4択の問いに使うこともできます。

●板書に指示しておく

　問題を解く時間の個人差は大きく，速くできる子が時間をもて余すことから教室がざわつくこともあります。速くできたらどうするかを板書しておくことで，自分で余白時間の過ごし方を選択することができます。

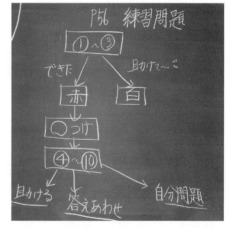

●心理的安心基地を設けておく

　教師のそばで勉強することで落ち着いて学習できる子もいます。教師机の横に長机を置き，自由に学習できるスペースを作っておくのも一手です。

【参考文献】
・『小4教育技術2015年2・3月号』宇野弘恵執筆分，小学館

5 学級集団の見取り方

集団の育ちを見取る

　事前の引継ぎで把握できるのは，大人しい子が多い，トラブルが多いなど大まかな傾向や目立った問題行動などが主です。実際に，集団としてどこまでどのように育ったかは自分の眼で見て確かめるしかありません。

　早期に集団の育ちを把握することは，今後，どこからどのように学級経営を進めていくか，どこに主軸を置いて指導していくかを決める上で欠かせないものです。現状を無視し，一般論や教師の理想論で進めていっても思うように集団は育ちません。現状との乖離から，学級の荒れにつながってしまう可能性すらあります。出会った初日から観察を重ね，集団の育ち具合を把握することが肝要です。

「枠」の広さを見取る

　まず把握しなくてはならないのは，どこまで規律性が身に付いているかということです。規律性とは集団にどれだけ規律が身に付いているかということで，時間通りに行動できる，静かに話が聞けるなど，集団生活を送る上で守るべきルールの定着度を指します。また，他者の権利を侵害しない，嫌な思いをさせないといった対人上のルールも含みます。これらをまとめて，私は「枠」と表現しています。

　大人の手や目を離れ，自分たちの考えや力で行動できるようになっていくこと——つまり自立，自律すること——が，高学年の目指す姿です。また，大人にいちいち指図されずとも，自分たちの考えや力で行動したいと思うのが高学年です。特に6年生は最高学年であり，上に誰もいないという開放感

から万能感をもちやすい位置にいるとも言えます。

そのエネルギーが正しい方向に向かって行けば問題はありませんが，自己中心的で自分勝手な方向に向かってしまえば，途中でそれを修正するのは至難の業です。高校生に門限20時を17時にすると言っても納得しないのと同じように，一度広げた枠を狭めるのは難しいのです。

ですから，まずは枠がどの程度の広さかを見取り，枠の広さに応じた指導をすることが必要なのです。

具体的に何をどう見取るか

多くの場合，新学期は緊張感があり，意欲も高い状態にありますから，最初だけ見取るのではなく，1か月程意識的に見取ることが肝要です。何となく感覚としてわかるのではなく，観点を決めて見取って記録し，全体の傾向をつかんでいきましょう。

集団生活のルールを守ることができるか

・時間通りに着席できる。

・遅れなく授業準備をしたり，自分で片付けしたりできる。

・静かに話を聞くことができる。

・適切にトイレや水飲み場を使用することができる。

・ルールを守って遊ぶことができる。

・自分たちだけで給食準備や後片付け，掃除をすることができる。

・共有物を大事に使用することができる。

他者の権利を侵害していないか

・どの子も平等に評価される。

・誰もが伸び伸びと行動したり発言したりできる。

・公の場で，野次や誹謗中傷，ひやかし，悪口などがない。

・暴力行為，威圧的行為，威嚇，無視などがない。

・他者の物を勝手に触らない。

---

6 友だち関係の把握の仕方

人間関係は登下校から見える

　登下校をともにするメンバーと日頃学校で一緒にいる者が違うことがあります。また，登校は一緒だけれど，学校生活や下校時は一緒にいないという場合もあります。

●登校だけが一緒という場合

　本当に仲が良いわけではなく，近所だから，保護者同士の仲がいいから，低学年の頃からの慣習だからなどの可能性もあります。惰性で一緒にいる可能性があります。もしかすると，相手のことを疎ましく思っているにもかかわらず，保護者の目を気にして……ということもあるかもしれません。

●登校だけではなく下校も一緒だという場合

　学校生活でそれぞれ別の人と行動していたとしても，登下校時に互いの悩みを話せる仲なのかもしれません。あるいは，それぞれのグループでの愚痴を言い合ったり，ヘルプを出し合ったりできる関係性も期待できます。何かあったときには「情報入手先の関係」として覚えておくとよいでしょう。

●変化の本質は，下校メンバーにあり

　家の方向が違っていても，校門までは一緒に，二丁先の交差点までは一緒に帰ろうなど，わずかでも一緒に歩ける距離があれば，仲良し同士で帰りたがります。「一緒に帰る」ことと仲のよさの相関度は高い傾向があります。

　では，学級の子どもたちは，どんなメンバーでどうやって下校するのでしょうか。ポイントは，帰りの会の後の「声」です。

●「今日一緒に帰ろう」という声が聞こえてきた場合

　クラスの人間関係がフラットであるときは，あちこちから気軽に「一緒に

帰ろう」という声が聞こえてくるものです。クラスに緩やかなグループはあるものの，人間関係が固定されていないため，安心してグループ外の友だちとも付き合えていると判断できます。しかし，グループに不満のある子が，グループから離脱しようとして他に声を掛けていることもあります。この場合，抜ける側と抜けられる側が対立していることがありますので，注意が必要です。目配せしたり不満げな表情をしたりしていないかを観察しましょう。

● 「今日一緒に帰れる？」という声が聞こえてきた場合

　人間関係に序列がある可能性が考えられます。立場の弱いものが，立場の強いものにお伺いを立てている可能性があります。

　また，いつも一緒に帰っていたのに，ある日急にお伺いを立て始めた場合は，仲間外しなどのトラブルの可能性があります。「今日は一緒に帰ってもらえないかもしれない」と思う不安要素があるのか，仲間外れになっていて必死に追いすがろうとしているのかもしれません。

● ひそひそ声と，逃げるような足音が聞こえた場合

　複数で一人を仲間外しにし，声を掛けられる前に走って逃げた可能性があります。ちょっと驚かしてやろうとふざけていただけかもしれませんが，万が一を考えて対応することが大切です。

休み明けの人間関係を見る

　休みの間に，人間関係が変化していることがあります。休み中の遊び，習い事などや，SNSを介してのトラブルが生じている場合があります。普段と雰囲気が違うことを察したら，早めに声を掛けておくことが肝要です。こうした変化に敏感に気づき迅速に対応するためにも，いつどこで誰と誰がいるかを観察し，記録しておくことが大事です。特に，クラスの人間関係が把握できるまでは，「朝」「休み時間」「帰り」とシーンを分けて記録しておくことが肝要です。余力があれば，放課後の５分間を振り返りの時間に充て，誰と誰がどのようにかかわっていたかを記録しておくとおおよその人間関係を把握することができます。

7 悩みの聞き方・フォローの仕方

教育相談はいざというときの素地づくり

　担任と子どもで面談する教育相談（地域によっては二者面談などと言うのだと思います）は，２人きりで話ができる貴重な機会です。全員が必ず話すことになっているので，普段悩みを話しづらいと思っている子たちにとっても，話すハードルは低くなります。

　限られた時間を有意義な時間にするために，事前のアンケートは必須です。面談は，このアンケートに基づいて話します。アンケートには，

　・困っていること，心配なこと，話しておきたいこと。
　・頑張っていること，楽しいこと。
　・仲のよい友だち（心の友）。
　・〇年生で頑張りたいと思っていること（自分の課題）。
　・その他。

の欄を設けておきます。なければ「ない」で構わないのですが，全員が書き終えるまでおしゃべり禁止，よそ見禁止にします。そして，書くことがなくても「昨日の晩ごはん」などを書かせ，全員が何か書いているという状況をつくります。こうすることで，本当に書きたいことがある子も，周りの目を気にせずに書くことができます。また，どうしても書きたくないことは書かなくてもよいことを伝えておくことも大切です。面談では，この他に，

・（友だちとは別に）信頼できるクラスメイト。
・本当に困ったときに助けてくれそうな人。

も聞いておきます。誰がクラスのキーマンか把握することにもつながります。

　また，子どもの課題について確認すると同時に，その子のよさや素晴らし

さを語ります。「頑張っているね」というありきたりのことではなく，頑張っているそのことがなぜ素晴らしいのかを価値付けして伝えます。「自分を理解しようとしてくれている」「自分は受け容れ，認められている」ことがわかれば，教師を味方として位置付けてもらえます。そうすると，いざというときに教師を信頼し，相談してみようかと思ってもらえるかもしれません。

　教育相談の場は，実際の相談の場という側面と，信頼関係を築き将来的に相談してもらう素地づくりという両方の役割りがあるのです。

いざというときの連絡手段を伝えておく

　友だちのとの悩みを相談したいけど，周りの目が気になってできない……ということがあります。また，トラブルの内容によっては，他には知られずに相談したいというケースもあります。こうした場合は，周囲にわからないように話合いのアポを取らなくてはなりません。

　しかし，他方に知られないように相談の時間や場を伝えるのは難しいことです。教室で，小声で話していれば，「先生にちくっている」と言われかねません。そこで，次のような手立てを講じます。

●放課後の電話作戦

　これは，「親に知られたくない」「対立側と陰でつながっている可能性がある子」には向かない方法です。しかし，「孤立している」「担任に信頼を寄せていて強く問題解決を求めている」場合などには有効です。

●他の先生が呼んでいる作戦

　「〇〇先生が中休みに教室に来るようにと言っていたよ」と伝えます。全体の場で話す必要はありませんが，ある程度の人数に周知されるように伝えます。〇〇先生には予めお願いしておき，子どもが行ったら会議室で担任が待っていることを伝えます。

●笑顔で雑談作戦

　教室のざわつきの中で雑談しているように見せかけながら，小声で「昼休みに会議室ね」と伝え，その後また，全く関係ない話題を続けます。

8 問題行動への対応の仕方

問題行動の傾向を知っておく

　令和３年10月に文部科学省から出された「令和２年度児童生徒の問題行動・不登校等生徒指導上の諸課題に関する調査結果」によれば，児童生徒の暴力行為，いじめの問題行動は減少傾向にあるそうです。しかし，暴力行為については小学校での減少幅は小さく，依然，多くの暴力行為が発生しています。生徒間暴力もさることながら，対教師暴力も多く，小学校では５年生が最も多く暴力行為が行われています。

　いじめに関しては，全校種の中で小学校が最も多く，小学２年生が最多。冷やかしやからかいなどが最も多く，仲間外しの他，ＳＮＳでのいじめも増えています。また，全校種で不登校は増加しており，学年が上がるにつれて増えているのが特徴です。

　こうした結果に鑑みて，問題行動が起きたときにどう対応するかより，問題行動が起きないように予防する重要性が言われるようになりました。特に，いじめに関しては，かつてはいたずらや意地悪と押さえられていたこともいじめとして認識し，起こさせないように指導することが大切であるとされています。問題行動に発展しそうな事案があった場合は，一人で抱えず学年や生徒指導，管理職に速やかに報告し，対応することが大切です。

　ところで，文部科学省が言う「問題行動」とは，ごく限られたものを指しています。しかし，実際の教室では，忘れ物が多い，靴のかかとを踏む，授業の始業に遅れてくる……など，様々なレベルのものがあります。こうした小さな問題行動を放置しておくと，暴力行為が横行したり，いじめに発展したりする恐れはあります。そういう意味では，目の前の小さな問題行動一つ

一つにどう向き合うかは，学級経営をしていく上でとても大切なことです。

問題行動を３分類して考える

問題行動を，３つの見方で分類してみます。

１つ目は，本人に問題意識があり，周りが迷惑であることをわかって行っている場合です。こうした場合は，まず，教師の話を聞いてもらえる関係性をつくることが先決です。力づくで指導すればするほど反発し，問題行動がエスカレートしていきます。

２つ目は，本人に問題意識はなく，周りが感じているものです。周りにとっては不安を感じたり迷惑がかかったりしているのに，本人はそれに対し悪く思っていないことがあります。こうした場合，周りがいくら注意したり諭したりしても効果はありません。まずは周りが困っていることをわかってもらい，正そうという気持ちになってもらうことが先決です。

３つ目は，本人に問題意識があるものの，周りには迷惑をかけていないものです。忘れものに代表されるように，個人が解決すべき課題です。努力してもできずに困っている状態ですので，叱ったり注意したりするのは逆効果です。できない自分を責めて委縮してしまいます。解決策を一緒に考えながら，少しずつ問題解決を目指すことが肝要です。

以上のように，問題行動を３つの視点で分類してみると，同じように対応できないことがわかります。問題行動がどのタイプのものかを見極めてから，対応を考えましょう。

【参考文献】
・『令和２年度　児童生徒の問題行動・不登校等生徒指導上の諸課題に関する調査結果について』文部科学省，令和３年10月
・『WHY と HOW でよくわかる！　いじめ　困った時の指導法40』千葉孝司著，明治図書
・『WHY と HOW でよくわかる！　不登校　困った時の対応術40』千葉孝司著，明治図書
・『小学校高学年　生活指導すきまスキル72』堀裕嗣・大野睦仁編著，明治図書
・『小学校低学年　生活指導すきまスキル72』堀裕嗣・宇野弘恵編著，明治図書

9 トラブル対応の仕方

何をおいても事実確認

　トラブル対応の基本は，徹底的に事実確認をすることです。事実確認が曖昧なまま指導をしてしまうと，問題が複雑化するばかりか，教師への不信感を招くことにもなりかねません。

●事実確認の方法

・指導前に生徒指導や管理職に指導方針法を確認しておく。

・基本的に，一人ずつ話を聞く。可能であれば複数名で同時に聞き，口裏を合わせられない環境をつくる。

・メモを取りながら聞く。

・時，場，人，言動を記録する。

・言動については，詳細を聞く。例えば，「叩いた」という事実であれば，「どこをどこで」「手の形はグーかパーか」「どのくらいの強さで」「何回」叩いたかを聞く。口頭説明でわからない場合は，言動を再現させて確認する。

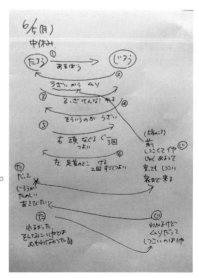

・聞き取りがすべて終わったら，メモを見ながら一つ一つ間違いはないか確認する。

・聞き取ったことは，関係者に確認し，相違点は再度確認することを伝える。

・事実に相違があれば，事実が一致するまで何度でも訊くこと，万が一保身のため

に嘘を付くことのないよう話す。保身のための嘘は，時間を長引かせ，他の子どもにも嫌疑をかけ，今後の指導に疑心暗鬼になる故，卑怯で許し難い行為であることを理解させておく。

・最後にもう一度，メモを元に事実確認し，嘘やごまかし，思い違いはこの場で正すことを促す。この時点で正直に言えたことは咎めない。

・メモには，いつどこで誰に聞き取ったかを明示しておく。

・関係者すべての話が一致したら，全員を集め，全体像を確認する。

・事実が一致しない部分は深追いせず，一致しないという事実を共有する。

・事実が明確になるまで，教師の感情や感想は挟まない。

●指導場面

・事実をどう捉え，どのように考えているかを問う。

・謝罪など，どのように問題解決すべきかを考えさせる。基本的には自分で考えて決められるようにする。

・指導や説諭が必要な場合は，行為を指導するが，人格否定にならないように気をつける。

●保護者への連絡

・保護者への連絡の前に，生徒指導や管理職に報告し，内容を整理する。

・結論から，端的明瞭に話す。

・感情を交えずに，事実を伝える。

・正直に言えたことなども伝える。

・今後の指導方針を確認し合う。

・納得が得られないと感じたらその場で話を中断し，会って話す。

指導の言動には十分注意する

　指導中は決して声を荒げるなど，誤解を与える言動をしないよう注意します。本質ではないことが問題となり，指導がしにくくなってしまいます。

【参考文献】
・『生徒指導10の原理・100の原則』堀裕嗣著，学事出版

5章

行事指導の
全仕事マニュアル

1 行事指導の基本

何を育てるかを明確にする

　学習指導要領によると，学校行事の目的は，「全校又は学年の児童で協力し，よりよい学校生活を築くための体験的な活動を通して，集団への所属感や連帯感を深め，公共の精神を養いながら，第1の目標に掲げる資質・能力を育成することを目指す」とあります。これに基づき，各学校ではより具体化されたものが行事のねらいとして示されています。

　非日常的な活動となる学校行事は，子どもたちにとっては学習から切り離された取組のように受け取られているかもしれません。そうではなく，何らかの力を育むために教育として位置付けられているものであることを，子どもたちにも知らせる必要があります。その上で，それぞれの行事を行う意義や価値は何なのかをともに考え，行事が与えられたものではなく，当事者として主体的にかかわれるようにしていきます。

学校行事は日常指導の延長線上にあるもの

　学校行事を行うこと自体が目的なのではありません。学習指導要領の目標にもあるように，学校行事への取組を通して他者との協働性などを育てたり，よりよい人間関係の形成を目指したりすることなどが目的です。ですから，「運動会できちんと行動させよう」「学習発表会では，保護者が感動するものをしよう」などということが大事なのではありません。その学年の集団や発達上の課題とするものが，学校行事の取組を通して解決したり育ったりすることに主眼を置かねばならないのです。

　そしてそれは，学校行事のときだけの特別な理念や指導によってなされる

のではなく，日常指導の延長上になされなくてはなりません。日常の指導で大切にしていることが学校行事の取組の中で具現化され，さらに高質なものとなって日常に返っていくものでなくてはなりません。

子どもとともにつくる

　ある日突然，学校行事の取組が始まるのではなく，何のためにその学校行事はあるのか，どんな学校行事にしたいと思うのかということを，事前に子どもたちと話し合いイメージを共有しておくことが肝要です。そうでなければ，学校行事は教師から与えられるもの，与えられたものを教師の言う通りにこなすものとなり，当事者として主体的にかかわれなくなるからです。

　そのためにはまず，何のために行うか，行うことにどんな価値や意義があるか，どんな学校行事にしたいかを一人ひとりに考えさせることが大切です。考えたことは，全員に発表させます。できればそれをもとに合言葉を決めると，目指すべき方向がはっきりします。場合によっては合言葉をみんなで書いて掲示したり，それをもとに個々の目標や決意を書いて交流したりすると，イメージや目的意識を共有することができます。

また，書かせたワークシート（次頁参照）はファイリングしたり掲示したりして，いつでも意識できるようにしておきます。合言葉などとともに廊下に掲示するのもよいでしょう。チームごとの取組の様子や写真を掲示したり，行事後に互いにメッセージを贈り合ったりする活動もおすすめです。

スケジュールを明確にし，計画的に進める

　学年行事は実施日がゴールです。ゴールまでに何を決め，何を行い，何を準備するかを逆算しておきます。2章1項で示した準備スケジュール同様，すべきことをすべてピックアップし，少し早めにできあがるよう予定を立てておくと安心です。

　また，誰がいつまでに何をするかも明確にしておくと，責任の所在がはっきりし，忘れや漏れを防ぐことができます。効率的に仕事をするためには，隙間時間にこつこつ作業が進められるものは個人で，力仕事や数の多いものは複数で行うのが基本です。全員で行うと親睦が深まるという考え方もありますが，どうしてもおしゃべりが増え時間がかかる面も否めません。時間を有効に使うという点では，分けられる仕事は個人で進め，どうしても全員でなければできないものをみんなで行うのがよいと思います。

【参考文献】
・『小学校学習指導要領（平成29年告示）解説特別活動編』文部科学省

○○年　学芸会　スケジュール　6年生

日	曜	行事予定	学芸会準備関係	総合	備考
3	水	学打ち	台本決定、スケジュール確認、教師分担確認、配役決定方法確認		
4	木	委員会			
5	金	児童会選挙	ダンス、合奏曲、歌決定		
6	土				
7	日				
8	月	研修　学級テーマ話し合い	「どんな学芸会にしたいか」話し合い　台本配布、配役決定　歌練習開始		
9	火		パート練習開始	特徴調べ（衣食住）	セリフ暗記完了
10	水	持久走大会(4)			
11	木	委員会　テーマ提出			
12	金		タイムマシン、マンモス、黒船、バック絵作成開始	特徴まとめ	
13	土				
14	日				
15	月	敬老の日			
16	火	特別日課・舞台幕張	衣装、小道具作成開始	実際に作ってみよう	
17	水	プロ完成			
18	木	係児童所属決定			
19	金		タイムマシン、マンモス、黒船完成		ダンス完成バッチリ状態
20	土				
21	日				
22	月	職員会議　放送原稿、舞台配置図、照明原稿提出、台本放送へ	あわせ練習開始		
23	火	秋分の日			
24	水	控え室連絡（鹿）	バック絵完成		
25	木	係児童			もう、バッチリ
26	金	絵画展示	衣装小道具完成	作成から学んだ事	手直し
27	土				
28	日				
29	月	校内絵画展	衣装着てやる		かなりバッチリ
30	火			↓	もう、最高！！
1	水	係児童			
2	木	児童公開日			90点のでき。後一歩。
3	金	学芸会準備			
4	土				一休み・・・
5	日	学芸会父母公開日			100点以上！みんな、がんばったね！って言う予定。
6	月	振り休			心おきなく休む

スケジュール例

2　運動会の指導

運動会で何を育てるか

　子どもたちは，「徒競走で1位をとる」「赤組に絶対勝つ」などのように，順位や勝ち負けの結果に意識を向けがちです。しかし，運動会の目的は順位や勝ち負けの結果ではありません。そのことを子どもたちに十分理解させてから活動に入らなければ，「あいつのせいで負けた」「オレは足が速いから偉い」などのように，運動会を行うことが差別や対抗意識，優越感や劣等感を生むことにもつながってしまいます。

　生まれつきの運動能力の優劣だけが評価されるなら，わざわざ運動会を開き大勢の人にわざわざそれを見せつける必要はありません。速さを見せたい人，走りたい人だけが出ればよいのです。全員が参加するのはなぜでしょう。また，順位や勝ち負けだけがすべてじゃないとすれば，どこにどんな価値があるのでしょう。

　人は誰しも得手不得手があります。個人の才能を精いっぱい伸ばせるよう努力することは，人間にしかできないことです。走るのが得意な人はより速く，苦手な人も少しでも速くというように，過去の自分より1mmでも成長しようとするところに個人競技を行う意義があるのではないでしょうか。

　団体競技は，自分はどのように貢献できるかを考えられる場です。得意な人はできなさを責めたり得意を自慢したりするのではなく，苦手な人をカバーしたりフォローしたりして場に貢献することができます。苦手な人は少しでも力を伸ばし，自分の責任を果たす努力をすることができます。そうすることが多様性への理解であり，他者の尊重であり，他者と協同するということではないでしょうか。

こうしたことを子どもたちと一緒に考えながら，運動会の目的や意義について共有します。「その場，そのときで自分ができることは何か」を考えながら取り組むことは，日常生活においても同じであることも付け加えます。

運動会の準備

●スケジュール

・50m，100m 走のタイムを早めにとる。走力によってチーム分けをしたり，リレー選手を選出したりする場合もある。

・雨天の場合も考慮し，雨天時の活動場所や内容を確認しておく。他学年とバッティングしないようチェック。

・早めに競技を決めておく。

・競技を選定する際の観点は5つ。①勝敗がわかりやすい②練習により進化が望める③多様な作戦を考えられる④子どもたち自身が楽しめる⑤用具作成などの手間が少ない。

・競技選定の際，安全面への配慮も忘れてはいけない。組体操，騎馬戦などでの事故もさることながら，内容によっては骨折や脱臼などの大怪我につながるものもある。学年の発達段階に合っているか，どんな事故が起きる可能性が考えられるかを視野に入れながら決める。

・表現（ダンスなど）の選定が必要な場合も，早めに決めておく。反転動画や音源の準備も行う。可能であれば担任も一緒に踊れるようになっておくと，ポイントを押さえた指導をすることができる。

・学校で決まっている競技は，方法や判定，準備などの確認をしておく。

・放送原稿や選手名簿など，提出期限のあるものの確認。

・全校練習など，全体で動くものの日程確認。それまでに必要な準備や練習事項のピックアップ。

・子どもの運動会係の決定。仕事内容も確認しておく。

・自分の校内での係（役割）の仕事内容の確認と計画。

・使用物の確認，作成，修理。

●役割分担

・競技責任者を分担する。

・競技責任者は競技方法の細案作り，子どもへの指導，必要な用具の準備を行う。

●保護者へのお知らせ，お願い

・動きやすい服装，走るのに適した靴の着用をお願いする。

・競技に必要な準備があれば早めにお伝えし，余裕をもって準備していただけるようにする。

・学校での指導過程や共有した趣意を伝え，結果ではなく過程に価値を置いた言葉がけ，応援をお願いする。

・通常時に比べ運動量が増えるため体力を消耗する。いつも以上に規則正し生活ができるようご指導をお願いする。

運動会の指導例

●事前指導

・運動会の実施意義，価値を話し合い，合言葉を作る。

・合言葉が具現化できるような個人目標を考える。

・合言葉や個人目標を決める際，子どもたちの意識が，結果ではなく過程に向くような価値付けをする。

・競技内容やチームメンバー，練習日程を確認する。

●練習指導

・できる限り，自分たちで考えて動けるように指導する。

・限られた練習時間を有効に使えるよう，時間を守って素早く行動すること，説明や指示を静かに聞くことを確認しておく。

・試行錯誤しながら練習できる時間や場面を確保する。

・練習の段階で勝敗が明確にならないようにする。

・不明確なルールや判断基準が曖昧，不公平な部分があれば，順次修正する。疑問があれば文句ではなく，意見や質問として出すよう予め伝えておく。

・怪我や熱中症が起きないよう，水分補給を促したり随時休憩をとったりする。基本的には，必要に応じて水分補給や手当の判断が自分でできるよう周知しておく。

・練習は初めと比べて成果が見えるような工夫をする。タイムを比較したり競技の修正点を動画で確認したりするなどの方法がある。

●当日指導

・健康観察。体調不良の場合は無理をさせない。

・1日の動きの確認。係活動がある場合は，同じ係同士で確認し合わせておくと安心。

・合言葉の確認をし，結果ではなく過程に満足できる1日にすることを話す。

・折につけ，頑張りを認めフィードバックする。

・可能であれば頑張りの様子を写真に撮る。教室内に掲示することにより活動の様子が可視化され，意識の向上が望める。

●事後指導

・合言葉や個人目標に対する自己省察。作文やプリントなど。

●その他

・運命走（考案走）や団体種目は，ネット上や書籍で様々なものが紹介されている。先行実践を参考にするのもよい。

・子どもたちの心ほぐしに，「足が速くなるふりかけ」が大活躍。透明な入れ物（私は100均で調味料入れを購入）の中に，ビーズやスパンコールを入れ密閉。上の部分に黒マジックで点々を描いて完成。運動会当日はポケットの中にこれを忍ばせ，子どもたちが走るときに脚に振りかける。自分のクラスだけではなく，学年の子にもかけると不公平感がない。「おまじない」「しゃれ」として子どもたちをふっと笑顔にし，心を緩ませる効果が期待できる。

（元実践は仮説実験授業・吉川辰司先生。私は，2004年「教師力ステージアップゼミ IN 旭川」で高橋正一先生から教わりました）

3 学芸会，学習発表会の指導

学芸会，学習発表会で何を育てるか

　学芸会や学習発表会では，主に，劇や群読，ダンスなどの身体表現や合唱，合奏，成果物の発表などが行われます。運動会同様，「いい発表をする」「失敗なく行う」など，素晴らしい成果を見せることが目的ではなく，取組の過程を通して子どもを育てることが目標です。では，学芸会や学習発表会ではどんな力を付けることができるのでしょうか。

　例えばステージ上で，セリフを忘れてしまった子がいたとします。台本通りに行うことを目標に練習していれば，その子がセリフを思い出すまで先に進みません。誰かが小声で伝えたとしても客席からはミスがわかり，発表は失敗と評価されるでしょう。しかし，台本通りではなく，臨機応変に対応できることを目標に練習していたらどうでしょう。たとえセリフを忘れた子がいても，その子が恥をかかずに済むようなフォローをしたり，その子が別の場面で輝けるように振る舞ったりすることができます。

　実生活で誰かが失敗したときに，その子が傷付かないようにフォローすることが思いやりであり勇気です。集団の中でいかに振る舞うか，自分が貢献できることを探し実行できることは，こうした実生活と地続きです。

　学芸会，学習発表会の取組を通し育めることは，こうしたことではないかと考えています。

学芸会，学習発表会のスケジュール

●スケジュール

・何を行うかを早めに決める。劇や音楽の作品を発表する場合は，複数を見

比べて選択し早めに台本や楽譜を入手する必要がある。

・発表の時間枠や人数，発達段階などに鑑みて，台本や楽譜，ダンスなどを新たに作ったり手直ししたりする。

・取組時数を確認する。決められた時数内で，何をいつまでにできるように指導するかを決める。

・使用する道具，衣装はイラストにしてイメージを共有する。いつまでに完成させるか期日を明確にする。

・台本や楽譜などの印刷，製本などの準備，子どもへの配付。

・どのように配役や役割を決定するか話し合って決める。

・配役や役割，人数の割り振りをする。

・放送原稿や舞台配置図など，提出期限のあるものの確認。

・子どもの係の決定。仕事内容も確認しておく。

・自分の校内での係（役割）の仕事内容の確認と計画。

●役割分担

・学年で一つのものを行う場合，メインの指導者とサブの指導者を決める。パートに分かれて行う場合は，それぞれのパート責任者を決めるが，全体練習ではメイン指導者が中心になって指導する。

・パートに分かれて練習する場合，何をどこまでどのように指導するかを確認し，統一した指導ができるようにする。

・バック絵や道具類などの準備，作成を分担する。客席からは細かな部分は見えないので，細部にこだわって作る必要はない。多少古くても過去のものがあれば使い回し，遠目でそれっぽく見えればそれでよしとする。

一人でバック絵を早く描く方法（バック絵の裏打ち。床に固定すれば一人でも貼れる。広いところは筆の代わりに長定規を使って直塗り）

●保護者へのお知らせ，お願い

・衣装や準備物があれば早めにお知らせする。衣装などはイメージをもちやすくするために，イラストで伝えるのが親切。

・お願いしたものが揃わない場合は，無理して購入せず相談くださるようお願いする。他のもので代替が利かないか模索する。

・学校での指導過程や共有した趣意を伝え，結果ではなく過程に価値を置いた言葉がけ，応援をお願いする。

学芸会，学習発表会の指導例

●事前指導

・学芸会，学習発表会の実施意義，価値を話し合い，合言葉を作る。

・合言葉が具現化できるような個人目標を考える。

・合言葉や個人目標を決める際，子どもたちの意識が，結果ではなく過程に向くような価値付けをする。

・練習内容や方法，練習日程を確認する。個人で覚えるものやできるようにしておくものの期限を確認する。

・練習予定表は教室内に掲示し，いつまでに何をしなくてはならないかを可視化しておく。

●配役や役割決め

・予め，すべての人の希望を叶えるのは難しいことを話しておく。

・希望を聞く前に決め方を伝え，了解を得ておく。決まったあとから不平，不満を言わないように，不安要素や疑問はこの段階で言わせる。

・好みや得手不得手はあるだろうが，基本的にはどの役割でも場に貢献することができることを話しておく。

・決まった役割は責任をもって行うことを確認しておく。

・役割によって特別な練習や必要なものがある場合は，予め伝えておく。

・できる子，優秀な子という括りで役割が決まってしまうことだけは避ける。素晴らしい発表をすること，出来栄えよく行うことが目的ではないので，

どんな子がなってもよい。これについても子どもがわかるように伝え，すべての役割に誰もがつくことができること，苦手だからこそチャレンジする価値があることを理解させておく。

・希望者多数の場合は，オーディション，じゃんけん，くじ引き，話合いなど，決め方には様々な方法がある。早い者勝ちにならないようにする他，子ども同士の人気投票にならないように配慮して決める。

●練習指導

・できる限り，自分たちで考えて動けるように指導する。

・限られた練習時間を有効に使えるよう，時間を守って素早く行動すること，説明や指示を静かに聞くことを確認しておく。

・試行錯誤しながら練習できる時間や場面を確保する。

・すべて決めた通りに行う練習ではなく，いつでも臨機応変に対応できるような練習にする。そのためには，すべてのシナリオを固めて提示するのではなく，余白を残しておくこと。その場そのときに必要なことに気づき，主体的に言動に移せるようにしておくこと。

・その日の練習の省察を行い，成果や課題を共有しておく。時折自分たちの練習の動画を見ながら省察するのも効果的。

●当日指導

・持ち物，衣装の確認。

・1日の動きの確認。係活動がある場合は，同じ係同士で確認し合わせておくと安心できる。

・合言葉の確認をし，結果ではなく過程に満足できる1日にすることを話す。

・セリフや動きの確認，声出しなど必要な準備を行う。

・可能であれば頑張りの様子を写真に撮る。

●事後指導

・合言葉や個人目標に対する自己省察。作文やプリントなど。

・発表動画の鑑賞会を行うのもよい。

・当日の写真を提示し，互いの頑張りへのメッセージを貼り合うのもよい。

4 宿泊行事の指導

宿泊行事で何を育てるか

　宿泊行事を楽しみにしている理由を子どもたちに尋ねると，「友だちと泊まれる」「子どもたちだけで旅行ができる」と返ってきました。なるほど，確かにその気持ちは理解することができます。しかし，友だちと楽しむことや思い出をつくることが目的であれば，私的なお泊り会や旅行となんら変わりはありません。ですから，私的なお泊り会と学校行事として行うものとでは，何がどう違うのかについて子どもたちに考えさせる必要があります。

　宿泊行事は通常の学校生活と違って寝食をともにします。また，学校を離れた地域に行って活動します。保護者もいません。つまり，より主体的に，自律的に，公共性を意識した言動が求められます。

　そのためには，周りと協働することも大切ですし，社会のマナーやルールを考えながら行動することも必要です。また，他地域の特性や魅力を知り教養を高めることも大切です。そうしたことを自分で考えたり学んだりするために，わざわざ親元を離れ宿泊を伴って学習を行うのだと思います。

宿泊行事のスケジュール

●スケジュール

・前年度の資料などを見ながら，必要と思われる準備をすべてピックアップする。仕事は「旅行業者，施設との調整」「児童の活動」「校内，引率教員への周知」「保護者への周知」「教育委員会への報告」に大別できる。

・たいていの場合，実施日や宿泊場所や旅行業者は前年度のうちに決まっている。すでに決定しているものとこれから決めなくてはならないものを把

握する。

・未定の行程や活動内容は，可能な限り早いうちに決める。

・施設への予約が必要なものはできるだけ早くに行う。詳細が決まっていなくても，可能であれば日程だけは押さえておく。

・教育委員会などへの提出物と締め切りの確認をする。

・保護者説明会や支払期日などを確認。

・子どもの活動内容や部屋割りなどの日程を決める。

・職員会議での提案，引率者会議などの日程を決める。

		学校行事	保護者	教職員	児童	備考
				・4/28職会提案 ・5月下旬旅費集金		・4/20 業者と打ち合わせ ・4/27 保護者説明会 ・5/6 参加同意書とりまとめ 業者へ参加人数報告 ・5月上旬 参加費確定 ・5月上旬 保護者へ参加費、支払方法を通知 ・5月下旬 支払い締め切り
16	月			引率者打ち合わせ①		スケジュール詳細、きまりの確認、指導方針報告＆検討
17	火					
18	水				しおり配付・学年集会①5, 6h	修学旅行のねらい、目標、約束
19	木				学年集会②5h	行程、持ち物確認
20	金				部屋割り決定・役わり決定	学級3時間 役割は昼休み空き教室で分担(宇野)
21	土					
22	日					
23	月				総合調べ学習開始	
24	火					
25	水					
26	木					
27	金					
28	土					
29	日					
30	月					
31	火	ミニ運動会				
1	水				見学グループ決め	えこりんむら 時代村 マリンパーク 新千歳空港
2	木				バス座席決め	学級(行き、帰り)1時間
3	金					
4	土					
5	日					
6	月					
7	火					
8	水	委員会				
9	木					
10	金					
11	土					
12	日					
13	月					
14	火			引率者打ち合わせ②		役割最終確認(中休み)スケジュール確認、配慮児童確認、児童の活動の進捗状況報告
15	水	クラブ				
16	木	体力測定				
17	金				学年集会③3, 4h	児童へ心得、きまり、詳細の行程確認
18	土					
19	日					
20	月	結団式			結団式5校時	最終確認
21	火	修学旅行				☆彡きっと晴れ
22	水	修学旅行				☆彡絶対晴れ
23	木	回復日				満足……。
24	金	職員会議		委員会報告・反省		

・グループ①えこりんむら ②時代村 ③マリンパーク ④千歳空港 総合 登別ってどんなところ？ 歴史 ORどんな施設？

スケジュール表

●役割分担

・旅行業者や施設と連絡を取ったり，全体計画を行ったりするのは，同一人物が理想。窓口が複数になると煩雑になる。

・会計や物の発注は同一人物が行うのが理想。

・全体計画を立てる人の仕事量が多いので，複数分担した方がよいものは分ける。特に，会計は分担した方が無難。

●旅行業者，施設

・メール（データ）での連絡を基本とする。証拠が残るだけではなく，互いの都合のよいときにやり取りをするため，無駄な手間や時間が省ける。

・担当者の名前や連絡先がすぐわかるように，ファイルの表紙裏に書いておいたり，名刺を貼っておいたりしておくと便利。

・体調不良などの場合の保険内容や金額，キャンセル料を確認しておく。

●保護者へのお知らせ，お願い

・保護者説明会の日程が決まり次第お知らせし，できる限り参加していただけるようお願いする。

・宿泊行事の趣意をご理解いただき，決まりや約束を守って参加できるようご指導をお願いする。お小遣いは決められた額を厳守し，規定の中でやりくりできる力を育みたいことをご理解いただく。

・持ち物は自分で準備させるようお願いする。

・キャンセル料についてお知らせしておく。返金できる期日や活動，額を業者や施設に確認した上で知らせる。

・体調不良，怪我や事故発生の場合の対応をお知らせしておく。

宿泊行事の指導例

●事前指導～導入段階

・宿泊行事の実施意義，価値を話し合い，合言葉を作る。

・項目ごとに書かせた後，一人ひとり全員に発言させる。一部の考えではなく，全員で合意形成して決めることが鍵。(次頁プリント参照)

修学旅行に行こう

年　組　名　前（　　　　　　　　　）　月　日

1　修学旅行は、何のために行うのでしょう。

2　どんな修学旅行にしたいですか。

3　学年の目標を決めよう。

4　目標にむかって修学旅行がすすむために、あなたができることはなんですか。

プリント例

・合言葉が具現化できるような，個人目標を
　考える。
・書き上がったプリントはしおりに綴り，行
　事期間はいつでも確認できるようにしてお
　く。
・決まった合言葉は行事が終わるまで廊下に

掲示し，いつでも確認できるようにしておく。終了後は一言感想を付け加えると，一人ひとりの頑張りや思いが可視化される。

●活動や宿泊グループ決め

・合言葉が具現化されるよう，様々な活動グループや宿泊グループを決める。

・予め，すべての人の希望を叶えるのは難しいことを話しておく。

・部屋決めで揉めてその後の人間関係でぎくしゃくした例，自分だけ仲良しの人と同部屋になれず悲しんだ例，話したことがない人と同部屋になり意気投合した例などを伝えておく。一部の人だけが得をしたり嫌な思いをしたりしないようにすることを確認する。

・その上で，どのような方法で決めるのがよいかを全員で話し合う。

・出された意見のメリット，デメリットを出し合い，デメリットへの解決策を考える。

・意見が出尽くしたところで，多数決を取る。多数決の際，自分の考えで決めること，他者に挙手を強要しないこと，過半数の賛成で決定すること，決まったことについては陰でも表でも文句を言わないこと，不安や疑問，意見がある場合は今この場で言うことを確認する。どうしても多数決が嫌だという場合には，民主的に決めることができる代案を出させる。

・希望を聞く前に決め方を伝え，了解を得ておく。決まったあとから不平や不満を言わないように，不安要素や疑問はこの段階で言わせる。

・子どもたちの最大の関心は部屋割り。話合いの過程に納得することができていれば，思い通りの結果でなくても不満は出にくい。思い通りの結果でなくとも，与えられた条件の中で楽しみを見つけられるよう指導する。

・グループが決定したらメンバーで集まり，楽しく過ごすための掟などを決める。楽しく過ごすために自分にできることを考えさせる。

・目標や掟は「ゲラゲラ笑おう！」「もっと仲良くなろう！」など，わかりやすいものに設定することが肝。目標を具現化できるような掟を，3～5つくらい決める。

・次頁に示すプリントもしおりに綴らせ，随時確認して意識付けする。

修学旅行に行こう

年　組　名前（　　　　　　　　　）　月　日

1　同じ部屋のメンバー　（　　　　号室）

2　部屋グループの目標

3　部屋グループの掟

修学旅行の意義や目的を話し合い，合言葉につなげた例。
全員の発言から合言葉につなげた。

・この時間だけではなく，道徳の「節度，節制」「善悪の判断，自律，自由と責任」「友情，信頼」「相互理解，寛容」「公正，公平，社会主義」「よりよい学校生活，集団生活の充実」などで自主教材開発授業を行うのも効果的。

※拙著『生き方を考える！心に響く道徳授業』（宇野弘恵著，明治図書）47頁に，「なかよしということ」という実践があります。グループ決めにまつわるトラブルを例にした自主開発教材の授業です。実際にグループ決めをしてみなくてはわからない問題を事前に考えることで，実際のグループ決めを考えるときの指針になります。

●しおり

・情報を一元化し，これを見ればすべてがわかり，自分で判断して行動できることをコンセプトとする。

・日程表にすべての情報を入れ込む。バス座席やグループメンバー，見学場所の地図などを別に綴じ込めば，いちいちそのページを探して開く煩雑さが生まれる。それらを次頁のようにすべて日程に入れ込むことで，あちこち調べずに確認することができる。

・いつトイレに行けるか，おやつタイムはいつか，お土産はどのタイミングで買えるかを予め示しておく。教師にいちいち確認したり許可を得たりすることなく，自分で考えて行動することができる。

・子どもたちには，「自分で考えて行動するために必要なことはしおりに書いてあること」「しおりを見て自分で考え判断して行動できるようにしおりがつくられていること」を話しておく。

・できるだけ簡潔に，必要のないものは省く。荷物の軽減にもつながる。

・ファイリング式にすると便利。できた物から随時綴じ込むことができるし，使い勝手よく個々でカスタマイズすることもできる。

・教師が表紙を作り配る方法もあるが，手間がかかる。自分たちで好きなように描かす方が手早いし，愛着も湧く。ただし，公共の場で使用するものなので，公の場にふさわしい描き方を考えて作らせる。

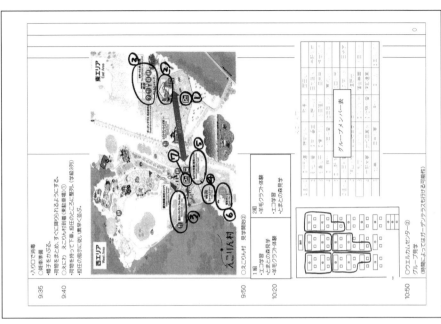

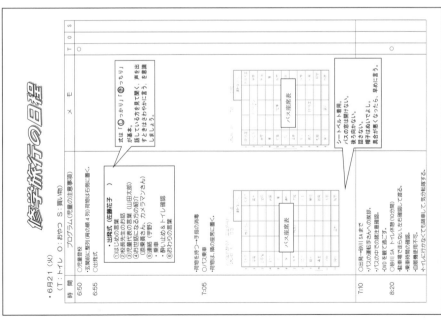

●引率者打ち合わせ

・行事実施から逆算し，打ち合わせ時期と回数を決める。

・最初の打ち合わせは，遅くとも２か月前に行う。

・何度行うかは学校にもよると思うが，少なくとも行事指導を開始する前と，実施直前の２回は必要。実施回数は必要最小とする。

・開催日は，学校行事や会議などのない日に設定する。参加者に周知する前に教務や管理職に相談し，日程調整してもらう。

・開催日が決まったら，参加者にはできるだけ早めに通知する。職員の他，業者や施設の職員など，外部の参加の有無も確認しておく。

・第１回目の打ち合わせでは，行事の指導方針，役割分担，指導スケジュール，詳細日程を伝える（資料参照）。最初の打ち合わせでここまでできていれば，途中の打ち合わせは必要ない。

・実施直前の打ち合わせでは，日程確認が主となる。日程確認を１回目に行っていれば，変更点の確認程度で終わる。また，アレルギーや持病などの把握の他，人間関係に配慮がいる場合の指導体制も確認しておく。

・詳細日程には，誰がどのように配置され，どう動けばよいかをすべて記しておく。子ども用とは別にしおりに綴る（資料参照）。

●事前指導～出発直前

・出発直前は，詳細の動きや決まり事，注意事項を細かに確認し，流れがイメージできるようにしておく。

・しおりを見て，自分たちで考えて判断し行動することを伝える。

・あいさつや司会は事前に指導をし，恥をかかせないようにしておく。

・登校時刻の確認，体調不良の場合の対応確認も忘れずに。

●当日朝の指導

・体調，持ち物，服装の確認。あいさつや司会などの仕事の確認。

●事後指導

・合言葉や個人目標に対する自己省察。作文やプリントなど。

2 修学旅行準備（学習）の進め方

① 5月17日（水） 3h 道徳 グループ決めトラブルの予習 （学級）
② 5月18日（水） 5,6h 修学旅行の目的、意義、目標の共有 （学年） しおり配付
③ 5月19日（火） 5h 行程、持ち物確認 （学級）
④ 5月20日（金） 3～5h 部屋決め （学級）バス座席決め 行き帰り （学級）
⑤ 5月23日（月） 総合調べ学習開始
⑥ 6月1日（水） 見学グループ決め 司会など役割決め
⑦ 6月15日（水） 司会など練習（中休み）
⑧ 6月2日（木） バス座席決定
⑨ 6月17日（水） スケジュール確認 心得、きまり確認 （学年）
⑩ 6月20日（水） 5h 結団式

※部屋割りでも決めないように、丁寧にステップを踏む。
・わがままを考えて部屋決めを行うと、嫌な思いをする人が出ることを話す。（1日道徳）
・部屋割りの時には、全員の希望を100%かなえることは不可能であること、一部の人が不満足、我慢するのではなく、みんなが少しずつ同じくらい我慢することを話す。
・仲よしとのお泊り会ではなく「学習である」こともバス座席や同部屋で過ごす時間はわずかであること、そこで希望がかなわなくてもバス座席やスポーツ席で考慮の余地があることを伝えておく。
・ここで決めるとき、修学旅行だけではなく、学校生活がすごくしやすくする可能性もあるから、互いに譲り合いながら楽しく決められることが理想であることを話す。
・決め方については、話合いで決定する。
・話合いで決まらないときは、多数決で決めること、多数決で決める前に、多数決で決めることへの合意をとること、多数決の結果について文句は言わないことを約束する。多数決に反対の場合は、それ以外の民主的な決定方法を（案として出させる。

3 施設の決定事項についての確認

・スケジュール詳細（2回目の打ち合わせ日程変更）
・部屋割り

第一回 令和○年度引率者打ち合わせ　　　　　　令和○年○月○日

○本日の議題
1 修学旅行の指導コンセプトの共有
2 修学旅行準備（学習）の進め方の確認
3 施設の決定事項についての確認

1 修学旅行指導のコンセプト

> ・宿泊施設や屋外での体験を通じて、心身を鍛えたり、北海道への愛着をもったりする。
> ・集団行動を通して、規律の大切さや協力し合うことの喜びを味わわせる。
> ・修学旅行を通して、責任ある行動や自主・自律の態度の大切さを体感させる。

【学年目標との関連から具体的な子ども】
・その場その時に必要かつ適切な言動を自分で判断し、行動する。
・他者と協同して生活できるよう、自分の責任を果たしたり、自制したり、他者のために動くことをしたりする。
～日常生活の延長線上にあることを理解させる。

【そのための方策】
・自分たちで決めたことを、自分たちで守れるようなフレームをつくる。
（修学旅行の意義、目的、理想像の共有、部屋決めなどの方法の会議、約束事の共有）
・自分で考えて判断し、行動し、責任が取れるような仕組みをつくる。（責任の明確化、一人一役）
（自己判断できるしおりの作成、責任の明確化）

【指導のスタンス】
・可能な限りトップダウンを避け、子どもたちが自分たちで決めることを尊重する。
・なんでも親切に教えず、自分で考えたり調べたり相談したりして解決できるよう促す。
・自由を保障するためには、規律を守ることが大切であることを説く。
・できるだけ頭ごなしに叱りつけず、自己の言動を省察できるアプローチを試みる。

5　行事後の反省

　行事での反省は，活動がうまくいったか否かという現象のみに目が向きがちです。頑張っていたなどというのは感想に過ぎません。大事なのは，ねらいに鑑みてどう活動していたかという客観的な振り返りです。それが見取れる反省項目を設定します。数値化できるものは数値化し，理由を記述します。

●反省項目例

1　ねらいについて

　①学校でできない体験をする。

　　（1ダメ　2課題有り　3まあよい　4すごくよい）

　②自分で考え判断し，責任をもって行動する。（1　2　3　4）

　③友だちと協力して活動する。（1　2　3　4）

2　見学場所，活動内容について（1　2　3　4）

3　日程について（1　2　3　4）

4　修学旅行から見えた6学年の成長と課題（記述のみ）

5　その他（自由記述）

大事なのは考察

　反省をただ集約しても意味がありません。なぜそのような結果になったのかを考察し，今後の学校生活にどう生かしていくかということが語られなければ，行事は単なる打ち上げ花火になってしまいます。行事は学校生活と地続きであることを念頭に置き，成果をどう伸ばすか，課題をどう解決していくかの指針として機能させる必要があります。

6章

卒業にかかわる
全仕事マニュアル

1 卒業にかかわる仕事の基本

卒業式をゴールに指導する

　卒業に関する一番大きな仕事は卒業式ですが，式さえ滞りなく行えばよい
わけではありません。式に臨むにあたって，子どもたちがどのように育ち，
どんな思いを抱いているかが大事です。

　卒業式を行うのにどんな準備が必要かを知っておくことは，卒業までにど
んな指導が必要かを知ることでもあります。どんな行程を経て卒業式を迎え
るかにも目を向けてみましょう。そうすると，卒業式と日常指導が地続きで
あり，日常指導のゴールに卒業式があることを意識できるかもしれません。

スケジュール表をつくる

　卒業にかかわる取組は，早いものでは1学期から行われるものもあります。
よって，スケジュールは長期的な見通しが利くものと，卒業式の練習日程を
含めた式直前のものが必要です。長期的なものは仕事の種類ごとに，直近の
物は日付順に示すと便利です。

　また，仕事には子どもに直接行う指導と事務的な仕事があります。事務的
な仕事は漏れや間違いがないよう入念な確認が必要です。卒業式が最後の登
校日となりますから，この日までに行わなければならないことや返却しなく
てはならないものもあります。教室の片付けや清掃などの仕事も視野に入れ，
早めの取組が大切です。

項目	No	作業内容	担当	作業期日	完了	決定事項	備考
卒業証書関係	1	卒業台帳作成	各担任	1月31日		作業宇野	
	2	卒業証書氏名確認(各家庭)	各担任	10月30日		文書松坂	文書配布
	3	割り印押し					教頭に確認
	4	最終確認	各担任				証書完成後コピーして各家庭に確認
卒業式関係	1	別れの言葉(募集)	宇野	2月3日			個人に書かせる
		(作成)		2月18日			期日を係に確認
		(分担)		2月25日			
		(指導)		2月28日			
	3	合唱曲・伴奏決定・指導	全員宇野	1月20日		プリントあり	
	4	礼法(礼・返事・歩き方・座り方・証書授与・向き換え・一連の流れ)(確認と指導)	松坂	2月13日		前回ビデオ参考	教務と確認・各担が必ず共通理解する
		礼法練習スケジュール作成	松坂	2月13日			教務と確認
	5						
	6	読み上げ台帳作成	各担任	2月28日		型在り	教頭と確認
	7						係と確認
	8	会場体系(座席数確認)	宇野			前回ビデオ参考	係と確認
	9	全体指導	宇野			前回ビデオ参考	係と確認
	10	保護者参加人数集約	係?	3月6日			係と確認
	11	職会提案文書作成	宇野	2月1日		式場図 プリント在り	
卒業に関する物	1	記念品pta	宇野				教頭に確認
	2	卒業制作(発注)	宇野				
		卒業制作(かざり)	松坂				
	3	廊下かざり	松坂	3月9日			
その他	1	指導要録	各担任	3月24日			
	2	中学校引き継ぎ書類(準備)	各担任				教頭・中学校と確認
		(引き継ぎ日調整)	宇野				教頭・中学校と確認
		(引き継ぎ日)					
	3	3学期通知表	各担任	3月10日			
	4	出席簿整理	各担任	3月18日			
	5	同窓会関係(入会式)	鈴木			同窓会代表作文	係と確認
		(入会意志確認)	係(教務)				父母文書配布
		(会員名簿)		3月4日			係と確認 名簿表あり
	6	作品返却	各担任				アルバム配布
	7	持ち物返却	各担任				
	8	教室整理	各担任				
	9	アルバム	鈴木	2学期中			
	10	文集	宇野	2学期中			
	11	学級お別れ会	各担任				
	12	卒業記念感謝の寄せ書き	松坂			家庭科授業で	
	13	時数集計締め	松坂				
	14	会計締め、通信記載	宇野	3月4日			3月11日監査
	15	入学式(対面式)児童代表	宇野				中学校・教頭と確認

スケジュール表

2　卒業アルバム，卒業文集

卒業アルバム

　多くの場合，写真業者が撮りためたものがアルバムに編集されます。販売し利益を得るのは業者ですから，本来教師の手はいらないものなのかもしれません。しかし，子どもたちが写っている以上，どの子も同程度写っているようにとか，不適切な，あるいは問題になり得る写真はないかなど，教育的配慮をするという理由で，多くの場合，アルバムの制作に教師がかかわっているのだと思います。ですから，どこからどこまでが教師の仕事や責任であるかを確認した上で，アルバムづくりに携わる必要があります。

　行事などの写真のほか，子どもの個人写真，教職員写真，日常の授業風景など，新たに撮影が必要になるものもあります。いつ，どこで，どんな写真を撮影するのか早めに打ち合わせし，周知するようにします。卒業アルバムは一生残るものです。子どもの個人写真を含め，ポジティブなものが載せられるよう配慮しましょう。卒業アルバムの販売と支払いの時期と方法，納入時期も確認し，保護者に知らせることも予定しておきましょう。

卒業文集

　アルバムと同様，卒業文集も一生残るものです。卒業の節目にふさわしい，価値ある中身にしたいものです。

　どんな構成にするかは，何を価値あるものと位置付け残すかによります。できれば子どもたちと一緒に話し合い，中身を決められるとよいでしょう。

　誰かを笑いものにしたり，誹謗中傷したりする内容はふさわしくありません。また，誤字・脱字やおかしな文章表現がないよう，十分な推敲と校正が

必要です。できあがったものは，子どもが自分でチェックした後に担任が入念にチェックし，その後，学年，教務，管理職など，複数の目で複数回チェックします。清書した後に大幅な修正がないように，ふさわしくない表記，内容をあらかじめ指導しておくことも肝要です。一部の人だけが目立ったりもてはやされたりすることがないような配慮も欠かせません。

●作文指導

・卒業文集に載せる作文は，6年間の作文学習の集大成。ありきたりの画一的なものではなくその子らしいもの，成長の姿が見えるものにする。

・「6年間の思い出」などの印象ではなく，自己省察し6年間での成長を記す。

・推敲，校正のしやすさから，下書きはパソコンを使うのが便利。そのまま印字しても何ら問題はないが，6年生時の直筆を残す意義も大きい。

・直筆を残す場合，誤字・脱字に気をつけながら丁寧に書かせる。鉛筆で薄く下書きしてからペンでなぞらせるとよい。下書きの段階で，間違いがないかチェックするのがポイント。

●構成内容

・教職員の言葉を載せる場合は，早めの依頼を心掛ける。

・前述したように，何を残しておきたいかを話し合って決めるのがベスト。10年後，20年後と大人になったときに小学校時代の記憶が蘇り，嬉しく懐かしい気持ちで読めるものを企画する。

・住所や誕生日など，個人が特定される情報は記載しない。

（文集内容例）

〇校舎の見取り図〜教室などの配置と，そこでの出来事や思い出。

〇学校行事の思い出〜何をしたか，どんな出来事があったか。

〇休み時間の様子〜よく行った遊びや過ごし方。

〇学習時間の思い出〜授業中のエピソードや印象深い学習内容，難しかったテスト問題や，よく歌った歌など。

〇自分の「今」〜20年後は忘れてしまっているだろう「今」の自分。

◎日程

11月15日〜21日	・学級のページ内容を話し合う（学活） ・文集委員はページ分担を決める ・プロフィール、寄せ書きの枠を完成させる
11月27日〜	・作文下書きを開始
12月7日	・プロフィール、寄せ書きを個人が記入する ・学級のページをつくるアンケートの集計など ・学級のページの原稿をつくる ・作文下書きを完成
12月8日〜13日	・学級のページの原稿を完成させる ・作文清書完成
12月13日	・担任校正、担当校正
12月14日	・学年で校正
12月18日	・教務、管理職に提出・校正
12月25日	・印刷業者に原稿提出

◎確認事項
・黒細ペン使用
・修正テープ
・写真画像を入れる？
・原稿提出日の確認
・原稿用紙は？
・文集委員クラス3名ずつ　丁寧に書ける人
　　　　　　　　　　　　　期限を守る人
　　　　　　　　　　　　　責任をもって最後までやる人

○年度　卒業文集計画

◎コンセプト
・小学校生活の集大成として、自分の成長を振り返り、支えてくださった方々への思い出をつづり思いを込める。
・卒業文集を作成する。
・卒業文集作成を通して、6年間の自分の成長を糧にする。

◎委員構成
◆表紙　①色　②〜事項青（半野）
◆学年の思い出のページ　⑥（編集委員）
・行事の思い出や活動の奇みなど…10年後に見たときに懐かしくなるような内容
◆学級の思い出のページ　③（各学級）
◆個人の思い出のページ
・表紙　①色　上半分は学級自由デザイン、下半分は担任からのお言葉。裏は寄せ書き。テーマは？
・学級企画のページ　③（内容は学級ごとに提案）
・個人企画のページ（作文とプロフィール（枠は統一して提示）、フリースペース）

◎各項目の内容や詳しい内容
★学年の思い出のページについて
・学年に共通する思い出を載せる。あちこちに散らばっている思い出を、このページに集結させる。
　例えば、行事の思い出やエピソード…ハプニング・感想、運動会のこと、小学校体育大会…など。委員会などの活動の足跡。校舎内図（意外と忘れちゃうので）、クラブでの思い出。

★学級のページについて
・共通内容として、好きなものランキング・クラスの目標・教室の様子（教室の配置や座席表など）授業や休み時間の様子、給食中や掃除の様子、心に残った話など…など。
・基本的には、クラスの文集委員が企画する。一部の子しか登場しない、思い出差別、人物ランキングなど不適切な内容にならないように。細心の注意を払う。

★個人のページ
・作文（6年間の自分の成長と中学校へ向けて）
　普段の学校生活、友だちとのかかわりの中から自分を見つめ直し、変わらない、変わった、成長したなと思えることを作文にする。また、そこから中学校生活に向けての願いや目標等を文章にする。
　タイトルも工夫する。フォーマットは学年で統一する。人生最高の字で書かせる。内容を丁寧に指導する。
・プロフィール「個人紹介」
　・絶対項目（名前）好きな教科、好きな食べ物
　・残りのスペースは、自分に関することを記録することに。10年後忘れているであろう細かな自分のことについて記録しておく。「小6の時、私ってこんなんだったっけ」ってうれしくなるような　内容を充実して
　大人になってなりたい職業、がんばったこと、努力したこと、よく見たテレビ、マイブーム、等々
　・枠は教師側が作成し、人数分コピーして渡す。

◎留意点
・全て手書きで書かせる。小学校生活の集大成なので、その時の自分の思い出の字を書かせる。超丁寧に、枠一杯の大きさでも丁寧に書かせる。
・内容には十分配慮する。個人を悪く言ったり、特定の子だけが目立ったりする内容はやめる。担任が事前にチェックする。
・基本的に個人名の出るランキングはしない。

3 卒業を祝う集会
在校生や先生方とのお別れの会

卒業を祝う集会

　卒業式間近になると，卒業を祝う集会をする学校も多いのではないでしょうか。ゲームをしたり，在校生からの贈り物をもらったりするなど，6年生にとってはちょっぴり照れくさい時間でもあるかもしれません。しかし，いつもはリーダー的な役割を担ったり，在校生をお世話したりすることが多かったであろう6年生です。最後に在校生からゲストとして扱われることで，卒業を実感していくのかもしれません。

　とは言え，中には，在校生の企画をつまらない，稚拙と感じる子もいるでしょう。照れくさいのではなく，めんどうくさいと思う子もいると思います。その気持ちを抱くこと自体は悪いことでも咎められることでもありません。しかし，それをそのまま態度や言葉に表すのはマナー違反です。どんなに気が乗らなくても，せめて場の空気を壊さない振る舞いをするのが大人であることを話しておきます。

思いのこもった出し物を

　集会へのお礼や卒業の記念に，卒業生から出し物や贈り物をすることも多いでしょう。年度末の忙しい時期ですから，時間がかかるものはできません。短時間で準備，練習ができるもの，授業の中で取り組んできたものなどがよいでしょう。大切なのは，発表の完成度の高さではありません。どれだけ思いがこもっているかです。卒業するにあたって感謝の気持ちや別れを惜しむ気持ち，義務教育の6年間を終える寂しさやこれまでの頑張りで得てきた自信などが，発表する姿に現れることではないでしょうか。

4 卒業式指導①
卒業式の基本指導，イメージの共有

どんな卒業式にしたいか

　卒業式は，最後の授業と言われます。それは，6年間で学んだことすべてが式に体現されるからです。

　小学校に入学したとき，姿勢よく座ることやちゃんとお話を聞くことなどを教えられました。自分のことは自分で考えて行ったり，他者に優しく接したり協力して活動したりすることなども学びました。場に応じた言動をとることも身に付けてきました。そうした学びの姿をもって卒業式に臨むことがゴール像ではないかと思います。この前提に立った上で，子どもたちにどんな卒業式にしたいかを考えさせます。

　卒業式は，これまでの行事とは違います。「真摯な気持ちで証書を受け取りたい」「胸を張って卒業したい」そんな思いが集まるからこそ，「凛とした式にしよう」「みんなの心に残る式にしよう」という気持ちになります。

視覚的にイメージする

　イメージ像を共有したら，過去の卒業式の映像を見せます。具体的な動きがわかり，これからの方向性も見えてきます。先輩たちの所作の美しさや堂々とした返事などをプラスイメージとして共有しておくのも効果的です。

　また，いきなり所作の練習に入るのではなく，6年間の思い出を振り返りながら卒業への感慨を深めるのもいいでしょう。卒業式練習が面倒で大変なものではなく，自分の満足のいく式にしたいという思いをもたせることができるとよいと思います。なお，座り方や礼，返事などの所作は，年間通して日々の指導の中で身に付けさせておくことが前提です。

5 卒業式指導②
所作，証書授与

正しく美しい所作を確認する

　正しく美しい所作は，これまでの学校生活の中で身に付いているとは思いますが，一度全体で確認しておきます。所作を教えることは，公の場で最低限のマナーをもって振る舞えるようにするということです。小学校を卒業し，一歩大人に近付く証としても，正しく美しい所作を身に付けようと話します。

　しかしながら，あまり厳格に何度も練習すると嫌気がさしてきます。理想像として提示しつつ，楽しく身に付けられるようにしましょう。

●所作の基本
・指先を揃える。
・あわてず騒がずゆったりと。
・姿勢を伸ばして胸を張る。
・音を出さずに動く。

●歩き方
・前かがみにならないように，垂直方向を意識して足を出す。
・膝の上げ伸ばしを意識する。足裏を床に引きずって歩かない。
・腕をやや大きめに振ると，凛とした雰囲気になる。
・角をカーブするように曲がるのではなく，直角に曲がるように角の頂点を軽く踏んで方向を変える。大げさにならないように注意。
・2人で歩くときは歩幅と呼吸を揃える。

●立ち方
・肩を少し後ろに引く。後頭部が上に引っ張られたようにイメージすると，きれいに背筋が伸びる。

・指先はズボンの縫い目に沿って伸ばす。

●座り方

・深く腰を掛け，お腹を伸ばす。丹田に意識を置くとよい。

・背もたれを使う場合は，寄りかからないようにする。

・脚を投げ出さず，靴の裏底をぺったり床に付ける。

・スカートの場合は，膝頭が離れないように気をつかう。

・両手を揃えて重ねる。あるいは，軽く握って膝に置く。

●礼の仕方

・首，背筋を伸ばしたまま30度ほど腰を折る。

・手は，指を伸ばしたまま軽く体に付けておく。両手を揃えて前に置いても
　よいが，だらんとなったりぶらぶらしたりしないようにする。

●返事の仕方

・短くはっきり，「はいっっ」と堂々と（「い」のあとに「っ」を意識するの
　は，野口芳宏先生の教え）。

自信をもって卒業証書を受け取れるようにする

　大勢の前で証書を受け取るということは，人生でそう何度もあることでは
ありません。場合によっては，これが最初で最後となることだってあるでしょ
う。一世一代の晴れの姿を保護者の方にも見せたいですね。大勢に見られ
ていると思うと緊張でうまく動けなくなる子もいます。できれば，失敗して
嫌な思いをさせないよう何度も練習して身に付けさせたいものです。

　証書の受け取り方の作法は諸説あるようです。スポーツなどの賞，褒章や
栄誉賞などの授受場面を確認しても，受け取り方はバラバラでした。特に，
証書を受け取るときに左右どちらの手を先に出すのかは統一されておらず，
両手を一度に出しているものもたくさんありました。男女で手が違うという
ものもあり，作法は多岐に渡っているようです。ですから，どのような手順
で受け取らせるかは，前年度の映像で確認したり，学校で受け継がれている
ものを教えたりするのがよいでしょう。何でもよいよと言うと戸惑う子もい

るので，ある程度明確に方法を示す方がよいと思います。その上で，共通しているいくつかのポイントを押さえます。

・落ち着いて堂々と歩く。
・演台の正面で立ち止まり，対面し礼をする。
・前に出る（何歩進むか，左右どちらの足から進み出るか）。
・直立して証書を受け取る（左右どちらの手が先か，両手同時か）。
・礼をする（どのタイミングでするか，証書は上に上げるか，持ったままか，脇に抱えてからか）。
・証書を脇に抱える（左右どちらか，折り曲げるか，字は体面に向けるか）。
・体の向きを変えて歩く（足の引き方，左右どちらから引くか）。

『明治人の作法　躾けと嗜みの教科書』（pp.176～178，横山験也著・文春新書）には，授受の作法として「落ち着いて」「会釈をして感謝の意を表す」と書かれています。受け取りの決まった手順は記されていませんが，落ち着いて感謝の気持ちが表現できることが最大の作法なのかもしれません。このように解釈すれば，子どもたちが慌てず落ち着いて，感謝の気持ちをもって証書を受け取れる手順にすることも必要なことかもしれません。

授与された後の卒業証書

受け取った卒業証書をどのように扱うかには配慮が必要です。卒業証書は6年間の義務教育を終えたという証です。単なる紙切れではなく，一人ひとりの6年間が詰まったものです。ですから卒業証書を粗末に扱わず，最後まで自分の手でしっかりと持って参加させます。持たせたままだと落とす，セレモニーで邪魔になると，貰った証書を親に預ける学校もあると聞きます。自分のものは自分で管理する，証書の重みを感じられるということも「大人」の証。卒業証書を受け取る意味を子どもたちにも考えさせたいものです。

【参考文献】
・『禅が教えてくれる美しい人がつくる「所作」の基本』枡野俊明著，幻冬舎文庫
・『明治人の作法　躾けと嗜みの教科書』横山験也著，文春新書

6 卒業式指導③ セレモニー的活動

なぜ呼びかけや合唱をするのか

　いわゆる答辞に当たるものとして，小学校では「呼びかけ」という，一人ひとりが短文（セリフ）を言うセレモニーを行っている学校も多いと聞きます。また，一人ひとりに将来の夢や決意を語らせたり，保護者に感謝の手紙を手渡したりする取組もあるようです。合唱するというのは，小学校に限らず中学校でも定番です。そもそも卒業式とは卒業証書授与式のことで，セレモニーではなく式典です。ですから，卒業証書を授与するということが目的です。にもかかわらず，呼びかけや合唱などを行うのはなぜなのでしょう。

　呼びかけは斎藤喜博氏が島小の校長だったときに始めたものだそうです。斎藤氏は子どもたちに表現力が必要と考え，教職員，保護者，地域を上げてその向上に力を注ぐ研究，教育を行ってきました。最後の授業である卒業式でも，日常的に育んできたその表現力を伸ばすものとして呼びかけが考案されたのではないかと理解しています。

　斎藤氏が考案した呼びかけは日常指導と地続きであり，さらに卒業式においても子どもを伸ばし続けるという理念によるものです。しかし，今日では形式的なものだけが拡散し，「卒業式といえば呼びかけ」的な形で各校に定着し，形骸化している側面があるようです。感動的な卒業式で親を泣かせよう，立派に発表させようということが目的となり，なぜ呼びかけをするかの考察がなされていないのではないでしょうか。

　合唱についても同じです。そもそも卒業証書授与式ですから，合唱を行わなくてはならない決まりはありません。それなのに「卒業式に合唱は定番」「合唱がないと味気ない」ことを理由に，合唱を行ってはいないでしょうか。

「歌う」の語源は「訴う」です。つまり，訴えたい何かがあるというのが前提です。訴えたい思いが拡大されたものが合唱なのです。ですから，何を歌う，どう歌わせるよりも先に，どんなことを訴えたいのか，そもそも訴えたい思いはあるのかということに目を向けなくてはならないのだと思います。

呼びかけも合唱も日常指導の延長であり，卒業式のためのものではありません。卒業式の姿をゴール像とし，4月からどんな力を育むために何を指導するかが大切です。卒業式を「こなす行事」としてではなく，「育ちのゴールが見える場」として日常指導を行っていく必要があると考えます。

指導のポイント

呼びかけや合唱を行うとなった場合，そこに子どもたちの思いがあることが大事です。教師が一方的に作ったものを失敗なく上手にさせるのではなく，子どもたちの思いで作られ，行われるような手立てを講じましょう。子どもたちに思い出や気持ちを書かせたものから台本を作ったり，その内容に合った合唱曲を選定したりするなどが考えられます。

●呼びかけの指導ポイント

・応援団のように怒鳴らせない。
・ゆっくり言わせる。「ぼ　く　た　ち」のように，一音一音の間に隙間をわずかに入れるイメージをもたせる。ロボットのようにならないよう注意。
・語尾に力が入ったり，上がり調子になったりしないようにする。
・自分のことだけではなく，他者との関係性を意識させる。

呼びかけは「話し方」の日常指導の延長線上にあります。よって，日頃から何を意識させて指導していたかに尽きます。合唱も同じです。練習が始まってから声を出させよう，歌わせようとしても手遅れです。せめて「歌え！」「声を出せ！」という強制的な指導をしないことが，子どもたちの気持ちを後ろ向きにさせない唯一の手立てと思います。

【参考文献】
・『授業―子どもを変革するもの』斎藤喜博著，国土社

7 卒業をお祝いするしかけ①
記念品

成長を残す

卒業記念の DVD を作ったり，手の凝ったメッセージカードを作ったりして子どもに渡す先生も多いようです。卒業をお祝いしたい，記念に何か残してあげたいという思いから作っている方も多いでしょう。が，中には「なんとなく」「周りがするから」「しなくちゃならない空気があるから」という理由で行っている方もいます。また，お祝いしたい気持ちはあるけれど，準備に時間がかかるので負担に感じるという声もよく耳にします。

担任だからといって，一人ひとりに記念品を渡さなければならない決まりはありません。また，記念品をあげなかったからといって，子どもたちががっかりするとも限りません。「お姉ちゃんの担任はくれたのに」と言われることはあるかもしれませんが，一時のことです。ですから，本当に渡したい，手間がかかっても平気だと思えないのであれば無理することはないのです。

また，手渡すものにも配慮することがいくつかあります。担任が撮りためた画像や映像を編集して渡す場合，保護者の同意が必要です。自分の子だけが写っているなら問題はありませんが，自分の子の画像がクラス全員のおうちに手渡されることを心配する保護者もいます。そもそも個人の画像はプライバシーにかかわることですので，どの範囲までどのように映像が手渡されることに同意しているかの確認が必要です。特に DVD の場合はデータとして手渡されますので，ネット上に拡散されるなどの危険性も考慮に入れなくてはなりません。全員が偏りなく写っているかの配慮も欠かせません。

これらは，担任，学年だけの判断ではなく，学校としての見解を管理職と確認した上で取り組むべきことです。

手間をかけずにできる記念品

　慣例により何か渡さないわけにはいかない，自分は気が進まないけれど渡すことに決まった……ということもあるでしょう。そういう場合は，できるだけ手間をかけず，それでいて意義深いものを考えましょう。

●例①名前文字プレゼント

・子どもに，自分の名前の好きな一文字を選んでもらう。

・色紙の真ん中に大きくその文字を書く。筆で書くのがおススメ。

・余白に一言メッセージを書く。余力があったら飾りを貼る。

●例②手形プレゼント

・色紙に手形を押す。朱色が見映えよい。

・余白に墨で名前を書く。

・余白に担任から一言メッセージ。

●例③色紙プレゼント

・大きめの色紙に大きめの顔写真を貼る。

・「卒業記念」などタイトルと，自分の名前を書かせる。

・余白に１年間で撮りためた写真の中から数枚を貼る（印刷に手間と時間がかかる場合もある）。

・あるいは，余白にクラス全員から一言メッセージをもらう（暴言や悪口，どうでもよい定型文がないように指導が必要）。

・あるいは，自分の好きなものや今の気持ち，残したいものを描いたり貼ったりしてカスタマイズする。

・どの場合にも，担任の一言があるとよい。

●まとめ

・筆で書くと見栄えがよい。

・色紙を使うと記念品感が出る。

・担任メッセージは短く。「素直な心をいつまでも」「笑顔が宝物だね」など。

・100均の「桜吹雪の飾り」などを使えばお金はかかるが手間は省ける。

8 卒業をお祝いするしかけ② 教室設営

カウントダウンカレンダー

　カウントダウンカレンダーは，3学期になると，6年生の教室でよく見かける飾り付けです。あれはいったい何のために飾っているのでしょうか。

　「卒業式まであと○日しかない！　だから今日の1日を大切に過ごそう」という思いのもとで作られるのが本質です。ですから残された日々への愛着が子どもたちになくては機能しません。カウントダウンカレンダーを作りたい！と子どもから出てきたときのアイデアとして，下記に例を載せます。

●カウントダウンカレンダーの例

・A3サイズの白紙（または画用紙）に，「あと○日」と大きく書く。

・1人1枚になるように手渡す。

・その日1日みんなでしたいこと，みんなへのメッセージを大きく書く。

　（例）みんなで変顔しよう！　今日も1日笑顔でいられ

　るようにしよう。

・カレンダーを日にち順に綴って掲示する。

・朝の会で，毎日紹介する。

・めくったカレンダーは順次教室に掲示していく。

卒業式当日の教室設営

　きれいに掃除され，整然としていることです。その上で，お祝いの気持ちが現れるような装飾があるとなおよいです。撮りためた写真を黒板に貼る，みんなで歌った曲の歌詞を掲示する，お楽しみ会で使った飾りで装飾するなど，思い出のものを使うのも一手です。

9 卒業式当日の台本作り①
卒業式前の担任のシナリオ

卒業式前の指導事項〜落ち着いて開始を待つ

　卒業式当日，子どもたちは緊張しつつも喜びに溢れて登校してきます。多くの場合正装してきますので，普段とはちょっと違った服装や髪形にはしゃぐ姿も見られます。嬉しさからついつい羽目を外してしまう場合もありますので，落ち着いて卒業式に向かえるよう指導することが大切です。

●登校時刻の設定
・「○時までに登校」とお知らせすると，早く登校しすぎて時間を持て余す。「○時から○時までに登校し，自席で座って待つ」のように指示を出す。
・早く来すぎないよう，学年通信などで保護者にもお願いしておく。

●登校後の動きを伝えておく
・登校後，○時までにトイレを済ませ着席しておくことを話しておく。担任は○時までに，教室前に立って登校を待つ。

●教室に BGM をかけておく
・みんなでよく聞いた曲，歌った曲，演奏した曲などの思い出の曲を流しておく。小さめの音量で流しておくのがポイント。

卒業式前の指導事項〜身だしなみを整える

　普段とは違う服や髪形に気を取られ，落ち着かなくなる子もいます。練習とは違った服装であるため，きちんと歩けなかったりうまく証書授与ができなかったりすることもあります。

●事前に懸念事項を伝えておく
・裾が長いスカートやズボンは，踏んで転倒の危険有り。袴も同様。

・袴は着崩れ，帯の締め付けによる体調不良の可能性あり。一人でトイレに行けるかも懸念事項。事前に家庭に周知しておく。

・袖が長いと，証書授与のときの妨げに。長い場合は袖を折ったり，見えない位置でアームバンドをしたりするようお願いする。

・短すぎるスカートは，礼をしたときにスカートの中が見えてしまう。屈んでも中身が見えそうにならないものをお願いしておく。

・盛りすぎた髪形で，後ろの子の視界を遮ってしまうこともある。配慮をお願いしておく。

　当日，服装などの崩れや不備が見つかった場合は，可能な範囲で手直しができるとよいでしょう。袴などは安易に手を出さず，保護者に連絡して直していただくのが無難です。また，スカートの丈を短くするためにウエスト部分で折り曲げる子もいます。丈が曲がってだらしなく見えることがありますので，修正が必要です。タイツの伝線や衿の折れ曲がりなどにも気を配りましょう。男性教諭が女子の服装を細かにチェックするのは難しいので，予め女性教諭にお願いしておくとよいでしょう。

式の流れの確認する

　練習でどんなにできていたり，わかっていたりしたことでも，式の流れや証書の受け取り方などは一通り確認しておくのが安心です。

・入場のときの歩き方。緊張すると目線が下がりがちになるので，前方を見て歩くことを確認。

・呼名されたときの返事。その返事は誰に聞かせたいかを考えさせる。

・呼名間違い，証書間違いの場合の対応。呼名間違いには返事をしない，証書間違いはとりあえず受け取っておいて後ほど忘れずに報告する。

・証書授与の手順。一人ずつ練習する時間はないのでその場で一斉に確認。

・呼びかけなど，一人で話したり発表したりする場合は，一度通しておく。

・体調不良が生じた場合の対応。そばの先生に声をかける。

・退場後，教室に戻ったときの動き。

10 卒業式当日の台本作り②
卒業式後の担任のシナリオ

卒業式後の指導事項〜まずはほっと一息つく

　緊張の卒業式が終わり，子どもたちは解放感でいっぱいです。まずは式が無事に終わったことへの賛辞を述べましょう。長々と話さず，さっと終えます。そして体調不良の子はいないかを確認し，とりあえずトイレタイムを取るのがよいでしょう。熱中症の心配が少ない時期とは思いますが，水分補給を促すことも必要かもしれません。

　その間，卒業式後の日程を確認しておきます。学校によっては全校で卒業生の見送りをする場合もあります。遅れないようにしなくてはなりません。

卒業式後の指導事項〜解散までの時間の過ごし方

　解散となるまでの間，教室で過ごします。子どもたちとの最後の授業です。学校によっては教室内に保護者が入り，カメラやビデオを構えている場合もあります。そのことも念頭に置きながら，この時間をどう使うかを考えておきます。子どもたちや保護者から感謝の手紙や色紙などをいただく場合もあります。そうした動きは事前に何となく察知できます。例年の習わしや様子などをリサーチしておき，余裕をもって計画しておくのが肝要です。

　時間がたっぷり設けられている場合，時間を持て余してしまうこともあります。担任のお話だけでは間が持たないこともありますので，準備が必要な場合もあります。

　1年間撮りためていた写真を動画にして流すのも一手です。テロップを入れず撮りためたものをとりあえずビデオソフトに入れ音楽をつけるだけでもそれなりに見映えがします。一人ひとりに最後の言葉を贈るのも素敵です。

通知表の所見を元にすれば，手間をかけずに原稿を作ることができます。

シナリオダイジェスト～担任の思いを語る例

　みなさん，改めて卒業式お疲れさまでした。小学校６年間のみなさんの成長が詰まった感慨深い式でした。

　みなさんの姿を見ているうちに，私の小学校の卒業式のことを思い出しました。私が小学校を卒業したのは，今から〇年前です。私は，小学校生活に特に思い入れがあったわけではありませんでしたので，別れが悲しいとは全く思っていませんでした。ですから，非常にさばさばした気持ちでした。もちろん泣きませんでした。

　ところが，式が終わって，退場のときにふと母を見ると，母が涙をぬぐっているのです。ハンカチを目に当てて泣いているのです。泣いているのはうちの母だけではなく，結構な人数のお母さんたちが泣いているのです。私は，えっ？と思いました。「母が友だちと別れるでもないのに，なぜ母が泣くのだろう」と不思議でした。泣き腫らして，目を赤くした母を恥ずかしくさえ思いました。それから何年か経ち，私はお母さんになりました。我が子が保育園を卒園する年になりました。ある一定の年齢になれば，黙っていても誰でも卒園します。特別にすごいことではありません。ですから私は特別何かを想っていたわけではありません。

　ところが，我が子が卒園証書を頂く姿を見た途端，生まれたときのことや初めての発熱で心配したこと等が次々に思い出され，涙が止まらなくなったのです。「保育園行きたくない」って駄々をこねたことや，お友だちと喧嘩して心配したことも思い出されました。いろいろなことがあったけど，こうして無事に成長し卒園できることに感謝の思いでいっぱいになりました。私はやっとあのときの母の涙の意味が理解できました。

　みなさんのおうちの人も，みなさんの成長を心から喜んでくれているはずです。そして，これからも，みなさんの健やかな成長を心から願っているにちがいありません。卒業の佳き日に，一言，ありがとうって言えたらいいね。

11 卒業式当日の台本作り③ 1日を過ごすためのシナリオ

出勤から「さようなら」までを具体的にイメージ

　卒業式は，子どもたちも緊張しています。普段わかっていること，できることも緊張故にできなかったり失敗してしまったりすることもあります。もしかすると，咄嗟のできごとに対応しなくてはならないこともあるかもしれません。そのためには，余裕をもって卒業式を迎えることが肝要です。

　そのために必要なのは，1日の詳細のスケジュールです。式開始からではなく，出勤から退勤まで，いつ何をすべきか，何を心掛けておくべきかを把握しておくことが大切です。

　スケジュールはすべて少し時間に余裕をもってつくることがポイントです。

1日の流れのシナリオの作り方

・「出勤」「朝の打ち合わせ」「卒業式前」「卒業式中」など，朝から順に活動項目を細分化して洗い出す。

・提案文書で確認しながら，時系列で並べる。

・提案文書にない隙間の動きを考える。具体的に自分の動きをイメージすることがポイント。

・忘れてはならない指導や，教師の指導言をシナリオにして入れておく。

・完成したら，学年はもちろん，関係する教諭全員に配布する。できれば，関係者全員で音読し，不備，不足を修正できるとよい。

・遊び心ある楽しい日程表にすると，和やかな雰囲気で打ち合わせをすることができる。どんなにベテランでも卒業式は緊張するもの。ちょっとしたおふざけで笑い，緊張をほぐしておくのも大事な準備。

こうやって進むんだぞ **卒業式・最新版** 〇年〇月〇日（金）

朝 （～8：05）

- いつもより早起きし，できれば7時50分までに出勤。綾瀬，宇野はちょっぴり念入りに化粧（松大は，うっかり化粧しないよう注意。敢えてするなら，幸薄な感じにしないこと）。
- 学校に着いたら，元気よく挨拶をして気合いを入れる（宇野は笑顔を意識）。
- とりあえず互いの衣装などをほめあい，あたたかい気持ちになる。
- 一日の日程を再確認して一安心し，コーヒーをすする。
- 卒業証書，読み上げ台帳などの最終チェックをし，更に安心してコーヒーをすする。
- 体育館に読み上げ台帳を置きに行く。念のためハンカチも置く（鼻かみ用ティッシュも置くこと）。
- 体育館では，念のため卒業生のいすを（あれば）チェック。いすの向きを確認。

職員打ち合わせ （8：05～8：10）

- 打ち合わせの最後に起立し，皆様に御礼とお願い，今日の卒業式の抱負についてドカーンとかます。（会場設営，卒業式まで諸々の準備と学担に対する配慮，これまでかかわってくださったことすべてについてお礼）代表…松大。綾瀬，宇野は努めて真面目な顔をつくる。

学級指導 （8：20～8：40）

- 教室に行って学級指導。短時間なので，体調確認と日程確認を簡単に。卒業生の晴れ姿をひやかしておくことも忘れない。（女子のスカートの長さに敏感に反応すること）

写真撮影 （8：40～9：00）

- 「1組」→「2組」の順で廊下に整列。たぶん浮かれて卒業生は並ばないだろうが，ここはぐっと我慢。笑顔で「早く並ぼう」などと声を掛ける（松大，無表情にならないように注意）。
- 廊下で保護者に会ったら，精一杯の笑顔を振りまく。「ご卒業おめでとうございます」という挨拶が無難（宇野，突っかからないように注意）。
- 体育館に向かう途中，綾瀬管理職を呼びに職員室へ行く（校長先生に「よし，頑張るぞ！」と声を掛けること）。
- 体育館では写真屋さんに元気に挨拶（元気な挨拶といっても，写真屋さんをびびらせない程度で）。
- 速やかに4列に並ばせる。だらだらしている子がいてもここはぐっと我慢（化粧がはげるから）。
- 担任の座席は写真屋さんの言いなりに座ること。
- いよいよ写真。（ぶきみな）笑顔を漂わせること（宇野，変顔注意）。
- 撮影後は元気よく「ありがとうございました」が聞きたい。松大，だめだめだったら卒業生に活を入れる。
- 宇野，全体に「音楽室に行く前に，行きたい人はおしっこしておくこと」「トイレに行く人以外は音楽室で低音高音に別れて座って待っていること」を指示。
- 自分のいすを所定の場所に並べてから，1組から退場。廊下は二列歩行で静かに通過（してほしいが…）。間違いなく浮かれポンチの卒業生だろうが，ここはぐっと我慢（化粧がはげるから恐らない。）。

卒業式前 （9：00～9：15）

- まずは音楽室で声出し。これまでの注意点を主に思い出せるように指導。2回くらい合わせる。何としてでもほめて終わりたい…。
- 気分がよくなってきた（はずだ）ところで，呼びかけの練習。
- 宇野，最後に作法などの確認をする。
- 最後に三人それぞれのありがたいお言葉（松大，綾瀬，宇野の順で）。
- ポイント　卒業生のやる気を引き出し，一体感が芽生えるようなありがたいお言葉を考えておくこと。
  （ここで泣くのはちょっと早い。卒業生もドン引きだろうからそこは考えよう）。
- この後，きちんと並んで各教室に戻る。お客さんに会うので，爽やかな作り笑顔で挨拶することを忘れない。

卒業式直前（9：15〜9：25）
- おしっこの確認をし，9：25に「1組」→「2組」の順で教室前廊下に整列。
- 9：30ごろ，1，2年生の教室前の廊下を通って移動。
- この間，父母，来賓は会場に入場するので，廊下で馬鹿騒ぎをしないよう目を光らせる（宇野，少しなら怒ってもよい。ただし，化粧がはげることは覚悟しなくてはならない）。
- 来賓入場を確認したら，体育館入り口前で待機（話し声が式場内に丸聞こえでかなり格好悪いので，会場に近づく前に言い聞かしておく。それでもおしゃべりをやめないあんぽんたんには，目からビームを出してもよい）。

卒業式（9：40〜11：05）
- 会場の合図とともにいよいよ入場。子どもたちを座らせたら担任席へ。
- 行儀の悪い子は，そっと目からビームを送る（でも，バレバレになることは間違いない。）
- 授与，氏名の読み上げ。席を立つタイミングなど考えること。
- 態度の悪さが目に付きそうだったら，とりあえず目をそらす。声の小ささが気になりそうだったら，とりあえず知らん振りをする。「今日の晩御飯何食べようかなあ」くらいを考えるのが無難。
- 終始笑顔を心がける（不気味さやぶてぶてしさは出さないように注意）。
- 声高らかに校歌を熱唱する（若い者に負けてはならない）。
- やっとこさ退場。担任はアナウンスの後，卒業生の前に立つ。（松大，つっころばないように注意）
- 堂々と前を向いて退場。体育館入り口で3人そろって礼。営業スマイル！すぐに職員室に行って休みたいところだが我慢して教室へ。

学級指導（11：05〜11：35）
- 「トイレにいっトイレ」と言って，トイレに行かす。
- 卒業式でのがんばりをほめまくる。
- 最後のお別れをする（万が一泣く場合は，綾瀬，宇野マスカラ注意）。
- 最後のしめ（万歳三唱や一本締めは行わないこと！）
「中学校で力の限りがんばれよ！あばよ！」が無難かな？
- 11：25，身支度，トイレ開始。
- 11：30に廊下に整列。卒業式並び2列で並ぶ。

見送り（11：〜　）
- ひたすら笑顔で歩くのみ！あと少しで終わりだ！がんばれ！

最後
- 終会のときに起立して，立派に卒業式ができたお礼についてびしっと述べる。（諸準備，卒業生や担任への温かな心遣いや指導に対する感謝について）。代表　宇野　　　　　　　　おしまい！

シナリオ

12　卒業式前日の最終チェックの仕方

卒業証書，読み上げ名簿の最終チェック

　きっと何度も何人もの目で確かめてきていることと思いますが，それでもやはり最終チェックは必要です。特に卒業証書は，名前の表記（特に使われている漢字）や生年月日，手渡す順番が違っていないかの確認が必要です。

　担任一人ではなく，複数の目で一緒に確かめることでミスを防ぐことができます。確認後，証書は金庫に入れるなどして，厳重に保管します。また，うっかり汚してしまわないように手袋をはめて行うなどの配慮も必要です。

　また，読み上げ名簿の確認も必要です。呼び慣れた名前でも，緊張のあまり咄嗟に忘れてしまったり漢字表記が読めなくなったりするものです。今一度読み上げてみて，つまずきそうなところにはふり仮名をふるなどの手立てを講じておきましょう。

　当日，読み上げ名簿を忘れて入場してしまうことがないように，前日のうちに会場の自席に置いておくのも一手です。自分の学級のものだけではなく，学年のものを全員が持っていると，いざというときに安心です。

●卒業証書チェック

・名前の表記違いはないか（証書作成前に保護者に確認してもらっておく）。

・生年月日は間違っていないか。

・手渡す順になっているか。

・汚れや折れはないか。

●読み上げ名簿チェック

・抜けはないか。

・正しく読めるか。

・読みにくい名前，間違いがちな名前にふり仮名はふられているか。

整っているかの最終チェック

会場も教室も，整然と整えられているかを中心に見ます。卒業生が歩く通路の安全性もチェックしておきましょう。

●体育館（会場）チェック

・卒業生の椅子は，順番通りに真っ直ぐ並べられているか。
・卒業生が歩く位置に，コードや剥がれかけのテープなどがないか。つまずいたり引っかかったりしないよう，十分な通路が確保されているか。
・装飾が剥がれたり破損したりしていないか。
・立ち位置の目印となるシールなどは剥がれていないか。
・自分たちが座る場所はきちんと確保されているか。

●教室チェック

・隅々まできれいに清掃されているか。
・机は真っ直ぐ並べられているか。
・配付物は真っ直ぐきれいに並べられているか。
・装飾物が剥がれたり，破損したりしていないか。
・1日の流れがわかるような掲示物があるか。

把握しているかの最終チェック・日程，動き

144頁に記載した「1日の流れ」を見ながら，関係者全員で流れと動きを確認します。かなり詳細な計画を立てていても必ず死角はあるものです。廊下に並ぶ時間や下校の時間など，間違うと全体に迷惑をかけてしまうことは再度確認すると安心です。前日までに幾度となく繰り返されてきた打ち合わせですが，自分はそのときどう動くのかを具体的にイメージして参加することが肝要です。実際に会場で一連の動作をしてみるのもよいでしょう。

●流れの最終チェック

・始まりと終わりの時間

13　卒業式当日の身だしなみ

「きちんと」「控えめに」がポイント

　卒業式にかかわらず，社会人として TPO を意識した身なりを心掛けるのは当然のことです。やがて社会人として世に出ていく子どもたちのよき手本となる意味でも，教師という立場を明確に示すという意味でも，式にふさわしい身なりをすることが大切です。

●髪型

　髪を染めるのは，今や「おしゃれ」の範疇。しかし，明る過ぎる茶髪や頭頂部の色落ちはだらしなく見えます。また，奇抜すぎる髪型も見苦しいものです。できれば式前に美容室（理容室）で髪形を整え，すっきりとしたいものです。

　髪を結う場合は，こぢんまりと品のあるものにしましょう。「ゆる・ふわ」はだらしなく見えますし，成人式のような派手に盛った髪は場違いに見えます。髪飾りを付ける場合も，髪の色に合う落ち着いたものを選び，華美にならないようにするのがマナーです。

●服装

　卒業式は儀式ですので，正装で出席するのがマナーです。ビジネススーツやパステルカラーのワンピースなどではなく，礼服が基本です。和装であれば袴も正装ですが，地域や学校ごとの取り決めがある場合もあります。勤務校では卒業担任はどのような服装をしているのか，早い段階でリサーチしておくことが必須です。

　卒業式の主役は卒業生です。準主役は保護者で，担任はそれより目立ってはいけません。正装はあくまで式の格式を重んじ，お祝いの意を服装で表現

するもので，おしゃれではありません。

　アクセサリーは真珠，袴は無地，着物は訪問着や色無地の準礼服を選びます。礼服にコサージュを付ける場合も派手になりすぎないようにします。男性のネクタイは白が正式ですが，地域や学校によって習わしがあるようです。周りの先生たちに確認をしておきましょう。

教員の服装例

●その他

・爪は清潔に！　女性のマニキュアも，清楚なものならOKです。
・タイツ，黒のストッキングはマナー違反です。肌の色に合ったカラーのストッキングを合わせます。
・スーツにスニーカー。ときどき学校で見かけるスタイルですが，決して素敵ではありません。スーツの色に合ったシンプルな革靴やパンプスを準備しましょう。高すぎるヒールは転倒のもと。歩いたときにコツコツ音が鳴るようであれば，ヒールにクッションシールを貼っておくのも一手です。
・袴を着る場合，借りたり着付けたりするのには費用が掛かります。また，希望の日時に着付けてもらうためには，早めの予約が必要です。

14　中学校への引継ぎ

指導要録を早めに完成させる

　中学校への引継ぎは，多くの場合学年末の休業期間に行います。その際に必ず手渡さなくてはならないのが，指導要録の写しまたは抄本です。

　卒業式が終わったら，すぐに要録の作成にかかります。6年生の場合，「卒業年月日」「進学先」の記入が必要です。忘れずに記入しましょう。

　作成後，学年や管理職の確認を経た後，写し，抄本を作成します。「学籍に関する記録」と「指導に関する記録」の両方を作ります。写しを作る場合，多くはコピー機を用いて複写すると思います。原本が破損しないよう注意が必要です。

　できあがったものには，1枚1枚に「原本と相違ありません」という断り書き（ゴム印など可）と校長の職印を押します。漏れがないか確認後，進学校ごとに分けておきます。

　法令では，指導要録の他，「健康診断」「歯科検診」の記録原本の引継ぎが義務化されています。養護教諭と連携し，漏れなく準備します。

　これは，進学先が私立や国立校であったり，現在の自治体外の学校であったりしても同じです。保護者への手渡しではなく，学校間で引き継ぐことになっていますので，間違っても保護者に手渡すことのないようにしましょう。郵送の場合は普通郵便ではなく，簡易書留で送るなどして，確実に届くようにします。どの場合も，中学校で受領したという「受領証明書」を受け取ることを忘れないようにします。

　学校により手続きや手順に違いがあります。勤務校での状況や過去の様子を必ず確認してから行うことが肝要です。

引継ぎ事項を確認しておく

　中学校との引継ぎは，書類の受け渡しだけではありません。子どもの学習状況や人間関係，健康状態や配慮事項など，進学後の指導上必要と思われる事項について引き継ぎます。

　地域によっては，要録の他に引継ぎ書類をお願いされることもあります。子どもの個人情報をどの程度どのような扱いで引き継ぐのかを確認しておきましょう。また，自治体では，デジタルデータの持ち出しがどのように認められているか，それに関わる手続きはいるか，中学校でどのように活用されるかを十分確認します。流出や紛失がないよう，安全で適切に扱われるよう細心の注意を払います。

　引継ぎ日時は早めに調整しておきます。多くの場合，小中の管理職間でやり取りして決まりますので，決定後すぐに伝えてもらえるようお願いしておきます。また，このときに何をどの程度準備すべきかも確認しておきます。情報管理に不安がある場合も，この時点で確認してもらいます。

　引継ぎをスムーズに行えるよう，伝えるべきことは事前にまとめておきます。特筆すべきトラブルや問題行動，保護者同士の軋轢などを伝えておくのも大切です。集団の傾向として顕著なものも伝えられるよう，簡潔にまとめておきましょう。

　気をつけなくてはならないのは，子どもたちのトラブルも問題行動も，小学校という枠，関係性に於いてあるものです。担任との相性が悪いがために「反抗的な子」とラベリングしている可能性もあります。そうしたことにも言及しつつ，人間性を決めつけて伝えないことも大切です。問題行動の現状や経過だけではなく，指導方針や指導過程，その結果どのように変容したかを伝えられるのが，意義ある引継ぎだと思います。

【参考文献】
『学校教育法施行規則』（令和三年文部科学省令第三十七号による改正）第12条の3第2項

7章

保護者とのかかわり
全仕事マニュアル

1 保護者対応のポイント

先手で情報を提供する

　高学年保護者からよく聞くことは,「子どもが学校のことを話さなくなってきたので, 学校のことがよくわからない」ということです。学校のことをあまり話さなくなるのは女子より男子の方が顕著のようで, 年齢が進むにつれてその傾向は強くなります。実際, 教室で訊いてみると, 何を訊かれても「別に」「忘れた」「いろいろ」で会話を終わらせるという男子が複数いました。「いちいち訊くし, いちいちうるさい」という子もいました。これらは, 思春期の成長においては正常な発達段階にいるとも言えますが, 学校の様子がよくわからないのは, 保護者にとっては不安要素の一つになり得ます。

　保護者に学校での様子が正確に伝わっていなければ, 何か問題やトラブルが生じたときの衝撃が大きくなります。中には, 保護者同士が SNS でつながり, 事実とは違うことを共有し合ったりしていて解決が難しくなることもあります。そうなる前に学校が先手で情報を提供するのは大切な視点です。

どう先手を打つか

　日常的な手立てとして, 学級通信が有効です。学級通信で, 個々の素晴らしい姿を価値付けて紹介します（個人名を出すか出さないかは要検討）。継続的, 定期的に発行し続けることで「先生は子どもたちをしっかり見ていてくれる」という思いにつながる可能性があります。

　また, 学級で話し合ったことや問題解決をしたことなどを紹介します。特定の個人に責任がないこと, よい方向に解決したこと, 子どもたちに軋轢がないことであれば, それがもとになって問題が悪化することはありません。

課題をみんなで解決する姿，問題が裏に潜らず表面化していることに安心感を抱いてもらえる効果が期待できます。（詳しくは3章に記載）

何かあったらすぐ相談

　トラブルや問題行動があったときは，すぐに連絡します。怪我やものの破損があったときは，どんなに些細なことでも必ず連絡します。また，対人面での問題や悩みがあったときも，「高学年だからこれくらい」と思わず，お伝えするのが無難です。

　高学年に限りませんが，保護者に連絡する前に事実確認をしっかりすることが肝要です（事実確認の仕方については，p.96，4章9項に記しました）。事実確認が曖昧なまま話すと，「子どもから聞いた話と違う」「うちの子はやってないと言っている」などと，問題がこじれる場合があります。何をおいても事実をしっかり確認し，教師の感想や私見を入れずに伝えることが肝要です。

　電話での連絡が多いと思いますが，事前にこじれが予測できているときは，最初から対面で話す方が無難です。話がうまく伝わらなかったり，他の問題が付随して発生したりした場合も，電話ではなく対面に切り替えます。

　保護者への連絡は，子どもの問題行動を言いつけたり保護者の家庭教育や躾に何癖を付けたりすることが目的ではありません。子どもの現状を共有し，同じ方向でかかわるためにするものです。ですから，一方的に責めたり現象面だけを咎めたりするのではなく，現象の奥にあるものを一緒に考えてもらえるようアプローチしなくてはなりません。

　人が集まれば摩擦はあるもの，人は失敗や間違いを経験しながら成長するものです。学校という集団生活の中でしか経験しないことを経て，他者への理解や共感を学ぶものです。そうした視点を保護者にも伝え，互いによき伴走者となるような関係づくりを目指しましょう。

2 保護者会のポイント

残ってよかったと思える保護者会に

　保護者は皆，わざわざ時間をつくって保護者会に残ってくださいます。ですから，「残ってよかった！」と思っていただけるようにしなくてはなりません。

　保護者が最も知りたいのは，学校での我が子の様子です。学校でどのように過ごしているかを知れるようにします。文章や口頭での説明の他，画像や動画を提示するのも一案です。

　また，行事や長期休業などがある場合は，その詳細について知らせます。特に高学年に起こりやすいトラブルや問題行動を示し，注意喚起を行っておくことも肝要です。昨今は特にSNSを介したトラブル，事件が多発しています。実際に起きたことを事例として提示するのがポイントです。保護者会に出なかったら得られなかったという情報や経験を提供するため，「今日の特集」として，毎回一つずつテーマ決めて話し合うのもおすすめです。

・4月　保護者自己紹介リレー　　・5月　生活習慣と学力

・7月　夏休みの自由研究特集　　・9月　SNSどうしてる？

・12月　冬休みの生活習慣　　　・3月　これだけは復習しよう

　この他にも，子育てや家庭学習の話，あるいは，研修会で学んだコーチングや脳科学の話題を提供したこともありました。いずれも，子育てにも生かせると好評でした。

楽しい空気を演出する

　懇談に残ってためになったという思いと，楽しかったという思いを抱いてもらええれば，きっと次回も足を運んでくれるはずです。楽しい雰囲気づくりは，場づくりから。円状に座席をつくったり，アイスブレイクから始めたりするなど，ちょっとした工夫であたたかく楽しい場を演出できます。

6年4組　　　**学　級　懇　談　資　料**　　　令和〇年3月月〇日

今日の話題　　○　学級の様子〜合唱などの VTR もあります
　　　　　　　　　○　卒業式に向けて
　　　　　　　　　○　春休みについて
　　　　　　　　　○　中1ギャップについて

1　学級の様子について
　①　学習について
　　・　教科書の内容はほぼ終了しました。中学校の学習に向けて，復習に取り組みます。

特に力を入れたいところは・・・

　　　・　国語・・・ことば，漢字
　　　・　算数・・・単位量あたりの量，百分率，計算，公式
　　　・　社会・・・歴史（流れを把握できるように）
　　　・　理科・・・水溶液・天気・月

　　　　○時間が限られているので，全体的に復習することと，定着があまりされていないと思われる部分
　　　　に力を入れたいと考えています。
　②　生活について
　　・　卒業式まであと何日，と，指折り数えながらの毎日です。以前に比べると，大人っぽい雰囲気になってきました。中学校ということを，いつも心のどこかで意識しているような感じを受けます。
　　・　カメハウスが完成しました。ここで遊ぶ6年生……かわいすぎます。私は一切手出しをしませんでした。自分たちで決めたことを，自分たちで試行錯誤して完遂しました。よい経験であったと思います。
　　・　男女仲がよく，だれとでも協力して活動できるのがこのクラスのいいところです。休み時間の遊びも，声を掛け合ってしています。
　　・　「もうすぐ卒業」という緊張と興奮。わかっちゃいるけど……。忘れ物をする，廊下を走る，すぐ席に着けない，当番を忘れる，等々という子どもらしい面もあり。落ち着いて，そして全力で最後の小学校生活を送って欲しいと思います。

2　卒業式について
　　・　思えば，体より大きなかばんを背負って校門をくぐった日から早6年。心もからだも大きく成長した姿は，保護者のみなさんの目にまぶしく映ることと思います。
　　　　いよいよです。卒業です。
　　　　わたしは担任として，こう考えます。
　　　　「学校で決めた行事だからしかたない。」「めんどくさい。」「とりあえず出よう。」
　　　　そんな気持ちで卒業式を迎えるのではなく，どの子も，ここまで成長できた喜びと感謝の思いをかみしめ，堂々と胸を張って自信をもって旅立って欲しいと思うのです。
　　　　卒業は人生の中の節目です。
　　　　一人ひとりが真摯な姿勢で式に臨むことで，更に大きく成長すると考えます。
　　　　ですから式の練習では
　　①　声の大きさ
　　②　姿勢
　　③　礼の仕方
　　④　目線
　　⑤　手の位置
　　⑥　歩き方
　　　　について指導していきます。こういう小さなことが積み上がった延長線上に「真摯な姿勢」があると考えます。

学級懇談資料

3 個人面談のポイント

　保護者は，忙しい中来校します。お仕事をしている場合は，わざわざ休みを取って来てもらいます。ですから，時間通りに行うことで不快な思いをさせないこと，来てよかったと思える情報提供をすることがポイントです。

●時間通りに行うための手立て

・通信などで，以下のことを伝えておく。

　①誰もが忙しい時間を割いて来るので，待たせしたり時間が足りなくなったりしないように，時間通りに進めること。

　②そのために，失礼ながらタイマーを使用させていただくこと。

　③決まった時間内に話せなかった場合は，後日時間を取り，改めてお話を伺う場を設けること。

・タイマーは予定時間枠より１，２分早めに設定しておく。

・タイマーが鳴ったら，途中でも話を切り上げる。続きについては後日連絡差し上げる旨伝える。

●来てよかったと思える手立て①聴く，訊く

・話をちゃんと聞いてもらえたという満足感をもってもらえるように，まずは「お話したいことはないですか」と尋ねる。

・心配していることはないか訊く。身体面，性格面，生活面，学習面などで，特に配慮すべき点はないかは必ず訊く。宿泊的学習に関する心配や配慮事項も訊いておく。

●来てよかったと思える手立て②知らせる

・事前に次頁のプリントを使って，情報をリサーチしておく。それをもとに，

学校での様子などを伝える。

・具体物をもって，学力を伝える。テストの点数をグラフ化したり，テストからわかるその子の課題を文章化したりする方法があるが，とても手間がかかる。

・作文やノートのコピーを見せて，文章力や理解力，観察力，要点をまとめる力などをお伝えするのも一手。具体物をお持ち帰り

名前（　　　　　）月　日
1　仲良しの友だち
2　がんばっていること
3　心配，困っていること
4　自分の課題＆目標

いただき，子どもの頑張りを伝えてもらうのは，意欲喚起につながる。

・成長の特徴や学習についての資料を用意しておく。思いの外，話が早く終わってしまったときなどに，話題提供の資料とする。説明する時間がない場合も，資料として手渡しすれば「お土産」になる。

●来てよかったと思える手立て③課題の共有

・子ども自身が１年間かけて伸ばしたい，変容したいと思っていることを共有する。学校と家庭で，同じスタンスで指導していくことを確認する。

これは要注意

　個人面談は，基本的には１対1で行いますから，保護者にとっては，みんなの前で話すよりハードルが下がります。それ故，理不尽なことを要求されたり，一方的な話題を投げつけられたりすることもあります。以下のことには十分注意しましょう。

・子どもの欠点は言わない（欠点ばかり見ていると敵意を抱かせてしまう。ただし，保護者から子どもの課題を話してもらい共通理解することは大切。同じ課題意識をもって子どもの指導に当たることを確認する）。

・個人の噂話に乗らない（お友だちや保護者，他教員のうわさや悪口は受け流す。「先生も言っていた」とならないように）。

・即答を避ける（判断しかねることは，学校に持ち帰る。管理職などと相談し，後日お伝えする旨伝えておく）。

【著者紹介】

宇野　弘恵（うの　ひろえ）

1969年北海道生まれ。旭川市内小学校教諭。2000年頃より，民間教育サークル等の学習会に参加，登壇を重ねている。思想信条にとらわれず，今日的課題や現場に必要なこと，教師人生を豊かにすることを学んできた。

［著書］

『タイプ別でよくわかる！　高学年女子　困った時の指導法60』（明治図書）『スペシャリスト直伝！　小１担任の指導の極意』（明治図書）他多数

スペシャリスト直伝！
小学校高学年担任の指導の極意

2023年3月初版第1刷刊	©著　者	宇　　野　　弘　　恵
2024年1月初版第3刷刊	発行者	藤　　原　　光　　政
	発行所	明治図書出版株式会社

http://www.meijitosho.co.jp
（企画）茅野　現（校正）吉田　茜
〒114-0023　東京都北区滝野川7-46-1
振替00160-5-151318　電話03(5907)6702
ご注文窓口　電話03(5907)6668

＊検印省略　　　　　　　　組版所　藤　原　印　刷　株　式　会　社

Printed in Japan　　　　　　　　　　ISBN978-4-18-216428-6
もれなくクーポンがもらえる！読者アンケートはこちらから